陝西佛寺紀略

康寄遙 編著・康正果 修訂

法門寺
西安市
青龍寺
大興善寺
碑林區
大慈恩寺／大雁塔
西安思源
學院
雁塔區
京昆高速公路
西安歐亞學院
長安區
西北大學
華嚴寺
香積寺
西安電子
科技大學
西安石油大學
（鄠邑校區）
西安財經學院
（長安校區）
護國興教寺
鄠邑站
王曲鎮
草堂鎮
西北工業大學
（長安校區）
西安秦嶺野生動物園
淨業寺
草堂寺
西安建築科技大學
（草堂校區）

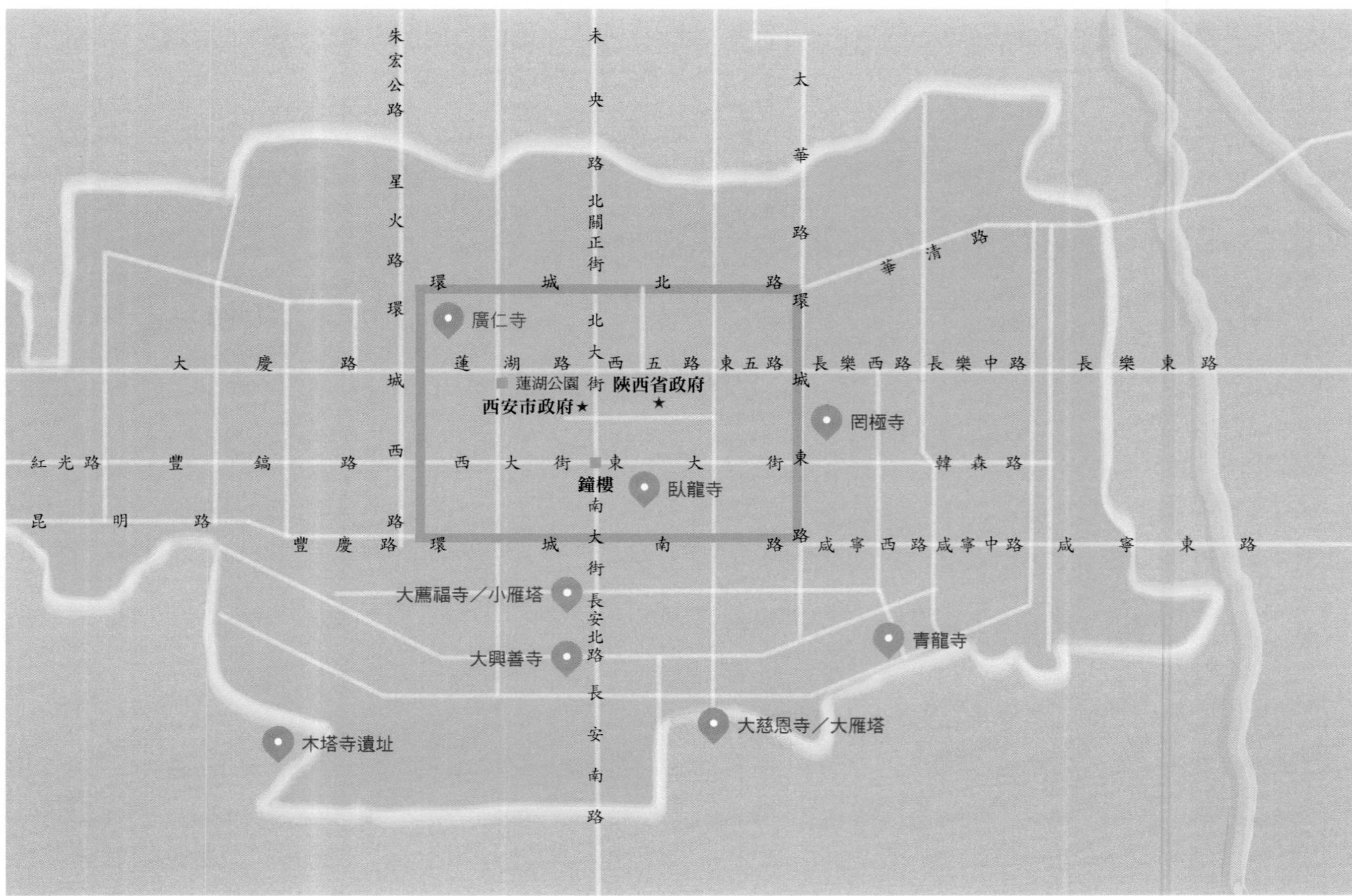
朱宏公路
未央路
太華路
星火路
北關正街
華清路
環城北路
廣仁寺
北大街
大慶路
蓮湖路
西五路
東五路
長樂西路
長樂中路
長樂東路
蓮湖公園
陝西省政府
西安市政府
罔極寺
環城西路
環城東路
紅光路
豐鎬路
西大街
東大街
韓森路
鐘樓
臥龍寺
昆明路
南大街
豐慶路
環城南路
咸寧西路
咸寧中路
咸寧東路
大薦福寺／小雁塔
長安北路
青龍寺
大興善寺
長安南路
大慈恩寺／大雁塔
木塔寺遺址

修訂本說明

我讀中學時與祖父母住在一起，對祖父當年編寫《陝西佛寺紀略》的某些情景，至今仍記憶猶新。祖父編寫這部書稿，本出於西安市文化局、文管會領導的要求，完稿後由佛化社油印五十份裝訂成冊，交予主管機構分送有關部門及各寺廟收藏備查，傳閱的範圍十分有限。在那個政治運動迭起，朝令夕改的年月，這冊油印稿僅供個別專業人員做參考，從未列入正式出版的規劃。文革中祖父去世，他自己保存的幾冊油印本也在多次抄家後全部丟失。

近三十多年來，曾經橫遭破壞的寺廟陸續得到修復重建，西安及其周邊的佛寺也隨著旅遊業的發展而成為遊覽觀光的熱點。我發現不少介紹這些佛寺的導遊短文都直接抄錄《陝西佛寺紀略》的有關片段，或登在報上，或散佈網際，祖父的遺稿卻埋沒在不知何處的角落。因此我一直想整理出版祖父這部遺作，在更廣泛的傳佈中呈現其全貌。無奈我人在海外，手中既無原稿，也無法獲取該稿的油印本，區區心願遂乾晾在紐黑文海灘上，長期擱淺下來。

特別要感謝我的長安鄉黨周勍在西安借得某處油印本，製成完好的複印件，並附上一張收有各寺院舊照片的CD，由老友蘆葦帶到我美國家中。更感謝蘆葦幫我在西安找到專業打印服務，把那一整冊複印件製作成電子版，隨之發到我的電郵信箱。獲得這電子版，極大地方便了我的修訂工作。祖父六十年前的遺稿終得以在電腦屏幕上清晰展現，其中的不少疏漏和筆誤都在我逐字修訂的過程中一一得到糾正。

上文已提到，這部書稿的編寫在一定的程度上是為上級單位供備查的資料性文字，祖父當時又屬於當局統戰的人物，稿件中難免摻入稱頌當局關懷佛教寺廟的應酬性言辭，行文中更雜有「新社會」廣泛推行的新名詞。六十年之後，這些片段及用語在今日已顯得空泛而過時，更有悖於海外中文讀者的語境，因而在修訂中均做了適當的刪除與修改。比如，眾多的「解放前」和「解放後」慣用語全部刪除，一律改為「一九四九年」前或後，「黨和政府」或「人民政府」云云，一律改為「當地政府」。

書稿中有大量佛經和梵僧的中譯名以及佛教用語，修訂過程中我均予以仔細查對，改正了不少錯誤。這些錯誤既有油印本和電子版的筆誤，也有屬於原稿的疏忽。對原稿中所有引文，我均在現有條件下盡力查對其出處，凡查出不確切和與原作有出入之處，都逐個改正，補充所遺漏的字句。為強化此書的可讀性，對原稿中某些屬於資料堆積，文白夾雜，不盡符合學術規範，且缺乏起承轉合銜接的片段，我都做了適當的刪節和改寫，俾使行文曉暢，語義通俗，讓普通讀者讀起來更易於了解書中所闡述的佛學常識。

祖父當初編寫這部書稿，手頭的文獻資料畢竟有限，書稿中某些未加辨正而逕自引用各誌書的舊說，對照起今日新發現的資料，明顯有必要予以訂正，作些補充性的說明。凡屬此類段落，我均適當地保留原文，在其後加上「正果按」三字，寫一段應有的辨析與增補。

這部書稿特別有價值的部分是，祖父詳實記錄了五十年代中他在各寺院親自勘察和逐條記錄的寺內現狀。對於這部分讀起來比較枯燥的文字，我全都一字不漏，照錄全文。讀者若有耐心仔細閱讀，即可對比出文革中紅衛兵的破「四舊」曾破壞到多麼嚴重的程度，也可看出近年來的修繕重建與那時的原貌有多大的差異。此外，書稿中各寺院所在地的行政區劃，也都保持原稿中的名稱，儘管近年來已有不少變動。需要說明的是，原稿中所附「歷代建都長安和佛教大事紀年簡表」及相關的文字說明，因複印件過於模糊不清，其內容也與書中所敘寺院缺乏聯繫，更不具備可讀性，因而一併刪去。

為突顯書內所敘寺院面貌今昔對比的視覺效果，每個重要大寺院及其附屬的小寺院，我都盡可能插入攝於文革前的舊照片和近年來修繕後新拍的照片各一幅。行文至此，我要再次感謝友人周勍贈予我這些寺院舊照，沒有他惠贈和成全，我在海外縱踏破鐵鞋也是找不到此類珍品的。我還要感謝西安友人攝影家蘭燕澤先生，他在我修訂此書稿期間，專程去各大寺院拍攝照片。從他提供的藝術攝影中，我選出十幅寺院新照做插圖，為本書增色不少。

書後附錄了我祖父創作於民國十九年的一篇幻想敘事小品：〈半支香的夢遊〉。再次感謝老友蘆葦，他在蘭州圖書館製作了該文的複印件，給我帶到美國。讀這篇類似小說的文字，可以明顯看出，早在一九四九年之前，我祖父已打好了他後來編寫《紀略》的腹稿。而對台灣讀者來說，閱讀時自不難讀出印順法師「人間佛教」說的先聲，一瞥到今日佛光山和法鼓山構建規模的預製藍圖。

最後，我還要感謝我現住西安的妹妹康淑智和康淑慈，以及均為考古專家的兩位友人張在明和范培松。他們在我修訂書稿期間，都為解決我所詢問的某些疑難，在西安查找過相關資料。

康正果

二〇一八年十一月八日於康州紐黑文

編述大意

一、本編內特紀釋迦佛塔寺一，重要佛寺十二，附記與重要佛寺有關的佛寺十三，共計大小佛寺二十六所。有關中國佛教各祖庭在陝西的各佛寺，均特別略加說明。

二、本編所述各重要佛寺，均依位置、沿革、佛教宗派、國際關係和現狀五門分述，所有各寺有關的歷史人物，均擇述其簡史，所有歷史文物均就所知錄記，用資參考。

三、本編紀年以公元為標準，所有國史紀年對照公元，在每寺開始，用公元二字，以下則依照一般習慣，大都只在括弧內記明公元年數。所有佛元均依據《眾聖點記》，其理由在序言中說明。

四、陝中古寺尚多，在關中區，如耀縣大香山寺、藍田水陸庵、周至仙逝寺、臨潼石甕寺、華山寧山寺；在陝南區，如安康雙溪寺，更有漢中和陝北各古寺，如有機會當再編述。此外，終南山現存古寺尚多，如聖壽寺、圓光寺、破山石護國寺等，俟將來編寫終南山寺院時容再略述。

五、前曾約請安康明幻和尚編寫安康重要佛寺，他已編寫一部分初稿。又曾請陝中各地佛寺住持各自負責，編寫他們所住各寺及附近重要佛寺。若各寺諸位和尚均能響應現政府重視佛教勝蹟文物的號召，將來可能彙集整理，作為《陝西佛寺紀略》中編或下編初稿。

六、此次編述由趙更生、李級仁協助。所有初稿，先後敬請中國佛教協會喜饒大師、上海持松法師、蘇州如岑法師、陝西妙闊、力空、慈雲、朗照諸位法師分別審閱，最後交由省宗教處請省文化局核閱後，根據所提出的多條意見，已分別予以修正。統此申謝。

此次編述，因編者所知有限，時亦短促，雖經各方糾正，仍恐初稿內不免錯誤掛漏，切望閱者隨時指示，以俾修改。

主編人　寂園居士　康寄遙

編輯處　西安市佛化社

一九五七年（即佛元二五二二年）初稿

一九五八年　戊戌佛誕日修正初稿

目次

序言

在紀述陝西佛寺略史之前，茲將佛教東來和陝西各著名古寺在中印文化交流史上的重要性簡述如下：

一、佛教東來

佛教起源於印度，釋迦牟尼佛即佛教的創始者。他誕生於公元前五六五年，（依《眾聖點記》）時當中國周靈王七年丙申，距今已二千五百餘年。佛在當初本是中印度迦毗羅國淨飯王的太子，因不滿世間的種種現狀，想要徹底解決生老病死的諸多問題，便於十九歲時拋棄他享有的榮華富貴，毅然決斷出家。他在山林中苦行修煉到三十歲，一朝覺悟，豁然貫通，徹明真理，即所云「成道」或「成正覺」，從而成為「世出世間」的聖人。從此以後，面對國王臣僚以及平民大眾，佛陀一律平等說法。他以大雄無畏的精神普宣平等慈悲的教化，說法四十九年，講經三百餘會，世壽八十，示現滅度於周敬王三十二年癸丑

（前四八六年）。佛陀滅度之後，他的諸大弟子為佛法久住，傳承後世，於同年即依據佛的遺教，把佛在世時有關經律等問題的言說結集為文字，此後更有多次結集。所有這些結集的經典就是佛教徒所尊重供養的法寶，也成為後世各國翻譯佛經的原始依據。這是佛教徒眾所周知的事實。

佛滅後二百至四百年頃，印度有阿育王（前三世紀）、迦膩色迦王（二世紀）先後弘揚佛教，派高僧或醫師向南傳佈於錫蘭島各處，向稱為南傳巴利文系佛教。北向傳佈於西域各地，向稱為北傳梵文系佛教。佛教北傳期間，適當漢武帝擴展國土，通使西域，為中印交通創造了有利條件。當時的西域泛指蔥嶺以西包括月氏、安息、康居、犍陀羅、罽賓等國，即今阿富汗、波斯與印度北部等地區；而在蔥嶺以東則包括于闐、龜茲、疏勒、高昌等國，皆今新疆地區。陝西地處中國西北，乃絲綢之路的起點，恰處佛教自西東傳的前站，適逢得風氣之先的機緣。相傳佛教由印度傳入中國有兩條道路。一為海道，即由印度到廣東。一為陸路，即由印度到新疆等處。佛教可能先由陸路傳來，據曹魏時的《朱士行經錄》所述，當秦王政四年（前二四三年），即有西域沙門釋利防等十八賢者攜帶佛經來華，到了當時的京城咸陽。又據《魏書．釋老志》云：「釋氏之學聞於前漢武帝元狩中（前一二二年），霍去病獲昆邪王及金人率長丈餘，帝以為大神，列於甘泉宮，焚香禮拜，此即佛教流通之漸。」金人即佛像，昆邪地鄰高昌，在今甘肅西部。《釋老志》又云：「及開西域遣張騫使大夏，還云身毒國有浮圖之教。」身毒即印度，浮圖即佛陀，從上述零星記載可略窺佛教最初流入中國的蛛絲馬跡。另據《釋老志》所云：哀帝元壽時，（前二年）有大月氏國王的使者伊存，曾到當時的都城長安（即今西安），為朝中的博士弟子景盧口授佛經。由此可見，在佛教傳入中國的過程中，古城西安應屬接觸其教化最早的地方。但為學者所公認，且在正史上有確鑿記載的，則晚在後漢明帝永平十年（六十七年），佛教始傳入中國。當時明帝遣蔡培、秦景、王尊等十八人，往印度求佛經，其後與二印僧迦葉摩騰（簡稱攝摩騰或摩騰）和竺法蘭（亦簡稱法蘭）東還洛陽。同時由白馬馱來經書佛像，因而建立白馬寺。這是中國佛教第一個寺院，現仍存在。其實「寺」這個漢字本是古代官署名，如掌管宗廟禮儀的官署叫太常寺，掌管刑獄的中央審理機構叫大理寺，負責禮賓接待的官署叫鴻臚寺。當時印度僧人初到洛陽，由鴻臚寺接待，即暫住鴻臚寺內，次年才在洛陽城外興建了中國第一座官辦僧院。取名「白馬」，是紀念白馬馱經，而後綴一「寺」字，以突顯其為接待外賓的處所。從此以後，「寺」便成為僧尼住所的泛稱。其時由二印僧譯經一部分，相傳即現存的《四十二章經》。這是中國有印僧駐錫佛寺，並翻譯佛經的開端。通行的中國佛教史大都如是記載。

二、佛教宗派

佛教傳入中國迄今將近兩千年之久，佛教大小顯密各宗派早已遍佈於全國各地，而尤以陝西為各宗並興的中心。印度雖為佛教的發源聖地，但要論及佛教在中國及東亞的傳播，陝西則無疑是一處中轉的樞紐，擴散的核心。茲將佛教在印度的分派和中國的次第承傳，以及佛教傳到中國後所分的宗派，特別是佛教各宗派在陝西的承傳和發展，依次略述如下。

印度三期佛教

原來佛成道後所謂的「如實而證」、「如證而說」，乃指把宇宙人生的一切客觀實在證明之後，進而將所實證的現象如實向大眾說清講明。最初本是一音普演，並無所謂宗派。只因受眾根機不同，佛當時隨機施教，故亦不無差別。有如醫師因病不同，施藥各異。在佛滅後一百至四百年間，所有結集的經典有窟內與窟外之分。在窟內結集的以大迦葉為上首，後來稱為上座部，即正統派、長老派，其內部更分裂成十一部。在窟外結集的，以婆師婆為上首，後來稱為大眾部，即多數派。進步派也分裂成九部，兩部各自分裂，共成二十部，起初一味和合，後來不免分河飲水。這是佛滅之後，第一個五百年內的佛教情況。當時以《四阿含經》為主，可稱小乘或聲聞乘盛行時期。這期佛教以錫蘭（上座部）為主，流布於緬甸、泰國等區及中國雲南傣族各地。此即巴利文系佛教。當佛滅後第二個五百年（一至五世紀），先有馬鳴宣導大乘，次有龍樹、提婆弘揚性宗，發揮自性空義。繼有無著、世親弘揚相宗，發揮如幻有義。同時有陳那弘揚因明，闡發印度邏輯。在這時期大乘或菩薩乘極盛，可稱大乘盛行期。此期佛教全面流傳於中國，並由中國分流於朝鮮、日本各國，故可稱中國系，即華文系佛教。及至佛滅千餘年，即第三個五百年開始（七世紀），有龍樹的大弟子龍智弘揚密乘，深入民間，所有以前小乘大乘大都依附密咒流行。此期佛教由印度分流於西藏。由西藏分流於青海、蒙古各地。可稱為西藏系，即藏文系佛教。

中國次第承傳

印度三期佛教即三大文系佛教，中國雖以承傳第二期大乘佛教為主，其實三期各派學說，中國均次第承傳，全盤接受，而尤以陝中各宗的祖庭為承傳印度各期宗派的中樞。必須指出，中印文化交流當以翻譯佛典為首要關鍵。而翻譯佛典，首要在於譯場的建設，其次即主譯大德的人選，其三則為所譯經典的種類和譯業的隨時改進。在西晉以前，所有譯事皆由一二私人口傳筆受。苻秦時代（三五一年），苻堅據長安，始請道安法師宣導譯經，網羅學僧，多創譯印度初期佛教經律。這是中國譯場有組織的開端。道安曾建議聘請羅什法師，及道安歿後，由後秦姚萇稱帝長安（三八六年），其子姚興於弘始三年（四〇一年）始迎羅什於逍遙園大草堂寺，集名僧如僧肇等八百餘人，廣譯經論。這是國立譯場的開端。其所譯經論，大都是承傳印度二期龍樹一派學說。此後東晉及南北朝，或在建業（即今南京），或在廣州，或在洛陽等處，先後由朝廷設立譯場，聘請高僧主譯，俱有成績，而尤以隋唐兩朝，在陝中西安附近所設譯場最為著稱。如隋開皇年間（五八一－六〇〇年），在長安大興善寺由朝廷設立譯經西院（東院在洛陽），由梵僧那連提黎耶舍、闍那崛多和達摩笈多先後主持譯事，華僧彥琮合力主譯，另有襄譯沙門、學士等。唐太宗貞觀十九年（六四五年），玄奘法師攜帶佛經、佛像回到長安，此後設譯場於長安，初在弘福寺，繼在慈恩寺，後在玉華宮。玄奘為譯主，其下有證義、綴文、證梵、筆受等科，皆妙選才彥，數將及百，其所譯經論大都是承傳印度二期佛教無著、世親的學說。興善寺譯場在唐玄宗開元年間（七一三－七四一年）復興，由不空三藏主譯，其所譯經典儀軌大都是承傳印度三期佛教龍智一派的學說。唐武周年間，武則天在長安薦福寺設譯場，由義淨三藏主譯，廣譯有部諸經律，並創譯密典一部。所譯經典承傳了印度初期及三期的佛教。

中國翻譯佛典約可分為三期，初期是外人主譯時期，由西來番僧一二人隨意約信士相對私譯，雖譯出不少經典，但多屬零品，不成系統，且翻譯文體亦未確立。這是啟蒙時代在所難免的現象。此期譯師以安世高（安息人）、支婁迦讖（月氏人）等為代表。中期為中外人共譯期。或由團體合組譯場，中外人合作，如東晉廬山慧遠法師（道安的弟子）所組設的般若臺。或由朝廷設立譯場，外國人主持，中印大德合作，如姚秦時羅什法師所主譯的大草堂寺。此期所譯多是大部經論，如《六十華嚴》、百卷《智度論》等。譯經已成風氣，翻譯文體逐漸建立，譯業亦大有進步。此期譯師以羅什、覺賢（尼泊爾高僧，初助羅什譯經，後往慧遠處譯經。）等為代表。第三期為中國人主譯期。此期全由中國人主持，而且譯主皆是華人碩學，他們發誓弘願，留學印度，造就高深，兼善華梵文，譯學的發展在這一時期趨於鼎盛。此期所譯大小顯密各種經論最為豐富，如玄奘所譯《大般若經》六百卷，《大毘婆沙論》二百卷、《瑜珈師地論》一百卷等，此期譯師以玄奘、義淨為代表。

由此可知，中國的佛典翻譯分別次第承傳了印度的三期佛教，而備受稱讚的四大譯師——羅什、玄奘、不空、義淨——都是陝中各寺常住的高僧。自後漢以來，譯經大業經過約十個世紀，所譯出的佛典總計現存約四千七百餘卷。而在陝西，自晉道安、羅什、隋笈多等，至唐玄奘、不空、義淨諸師所譯佛經幾乎占全數之半。僅玄奘一人即譯出佛教經論一千三百三十五卷，幾乎相當於全數的三分之一。陝西於佛典的翻譯和弘揚呈現各具特色和各有所長的氣象，特別是在隋唐時期，佛教在陝西的盛況的確達到了如日中天的地步。

中國佛教宗派

佛教在中國的宗派劃分，常以所譯出的經論自號其宗。自攝論宗併入法相宗，地論宗併入華嚴宗，涅槃宗併入法華宗後，在唐時已有十宗，現今流行共有八宗。其各宗策源的祖庭大都在西安城內及其周邊。

一、三**論宗**，亦名性空宗，依《中論》、《百論》、《十二門論》及《大智度論》，也可稱四論宗。諸論皆由鳩摩羅什法師翻譯，故此宗當以羅什的譯經道場大草堂寺（在西安西南六十里許）為祖庭，羅什舍利寶塔現尚在寺內。

二、**慈恩宗**，亦名法相宗，以玄奘廣譯法相、唯識諸經論的大慈恩寺——大雁塔——為祖庭。興教寺為玄奘、窺基、圓測三師寶塔所在處，地處西安城東南四十餘里，其在該宗的重要地位與慈恩寺不相上下。

三、**密宗**，亦名真言宗，或稱開元宗。以不空三藏廣譯密教要典和儀軌的大興善寺為祖庭。更有不空的大弟子惠果阿闍黎（梵語，義為導師）久住青龍寺（在西安東關外）。日僧空海來寺留學，即師事惠果，回日本之後，創建了高野山東密大本山。空海遂被奉為東密開山祖，他依據漢字，更取梵音，創造了日本平假字母，故此寺可稱東密和日本文字策源地。舊作興善寺下院，與興善寺有同等的重要地位。

四、律宗，亦稱南山宗，以廣釋戒律而著稱，初祖道宣律師常住的淨業寺為其祖庭。該寺地處西安城西南六十里許的後庵山。道宣律師舍利塔在寺前北峰頂。山下十里內有靈感寺，為道宣律師衣缽塔所在地，亦為與律宗有重要關係的古剎。

五、華嚴宗，亦稱賢首宗、或清涼宗。以西安城南二十五里許華嚴初祖杜順和尚及四祖清涼國師寶塔所在地華嚴寺為祖庭。西安城南小雁塔薦福寺也是唐時朝廷所設的譯經道場，義淨三藏在寺內曾廣譯有部各律，並開始譯出部分密典。史乘所載開元三大士——善無畏、金剛智、不空——之中的金剛智即曾住薦福寺弘揚密宗，賢首國師也曾住該寺弘揚華嚴，故薦福寺與律宗、密宗、華嚴宗均有關係。

六、淨土宗，亦稱蓮宗、或稱廬山宗。此宗創始於晉代廬山慧遠法師，實際上淨土蔚為宗風，則自長安善導和尚始，故日本淨土宗推善導為此宗開山祖。亦猶律宗雖倡自慧光及智首，卻以道宣為開山祖；天臺宗雖倡自慧文、慧思，卻以智者為開山祖。故淨土宗二祖善導寶塔所在的香積寺亦可稱淨土宗祖庭，該寺地處西安城南三十里許。

七、天臺宗，亦稱法華宗，以浙江天臺國清寺為祖庭，其開山祖為智者大師。惟此宗的教觀所依為《法華經》、《中論》等，而此等經論均為草堂羅什所譯，故此宗與草堂寺也有關係，可以說是間接導源於草堂寺。

八、禪宗，亦曰心宗。向稱為教外別傳，其宗始於佛在世時的大迦葉尊者，歷傳至西土第二十八祖達摩祖師。達摩於梁武帝年間來華，最先到達南京，後轉至河南嵩山少林寺，面壁九年，傳法於二祖慧可。及傳至六祖慧能之後，分化為臨濟、雲門、溈仰、法眼、曹洞這五個宗派，即達摩偈語所說的「一花五葉」是也。故達摩為東土禪宗初祖，以少林寺為祖庭，此宗亦稱少室宗。

其實在達摩未來中國以前，已有禪經翻譯及習禪風氣。如漢安世高在桓帝時（一四七－一四九年）譯出《大安般守意經》，一般稱「安般禪」。梵語「安般」，義為數息。此外，還譯出《禪行法要經》等多種禪經，東晉羅什在弘始三年（四〇一年）後亦譯出《禪密要經》等。故知在中國，尤其是在陝西，早已有禪。不過後世乃分小乘禪、大乘禪、如來禪、祖師禪等名，特別以達摩強調的不立文字，明心見性為禪宗。自六祖慧能大師與神秀大師分樹法幢，後世的禪宗又分為南能北秀，南頓北漸。在唐武周則天朝，秀大師為當時朝廷所崇敬，朝野多受其化，自圭峰禪師承傳荷澤一系後，南頓北漸兩系於陝地兼弘。先前的講寺和律寺多成禪林，如草堂三論宗祖庭，興善真言宗祖庭，都傳臨濟宗風，即使慈恩法相祖庭也習曹洞宗。故禪宗的傳播及發展也與陝西各大寺院不無關係。

以上八宗，除禪宗外，大都直接或間接導源於陝西，惟自唐中葉禪宗盛行以後，千餘年來，全國的講寺和律寺泰半變為禪林。按以上所述，陝西也不例外，由此可略窺佛教各宗的變化和發展。

若以十宗言，尚有成實、俱舍兩宗。

九、成實宗，依《成實論》立宗，此論譯自草堂羅什，其祖庭可附於草堂寺。向稱此宗為小乘（小宗），後世雖少研習，當年也曾盛傳一時。

十、俱舍宗，依《俱舍論》立宗，此論初為南朝陳時的真諦法師所譯，並為作疏，惟其疏今佚。其後唐玄奘重譯該論，其門人普光且為作記宣揚。此論一向被稱為小乘（小有），近時仍為研習要典。其祖庭可附於慈恩寺。

綜上所述，可以想見陝西過去在中印文化交流史上曾起的作用何等重大，所締造的成就何等輝煌。此外還有一最重要的古剎，即法門寺塔，亦稱釋迦牟尼佛真身寶塔，地處西安城西二百五十里外的扶風縣東北，距縣城十餘里。相傳印度阿育王造塔八萬四千，中華有五處（或云十九處），扶風法門寺塔即其中之一，與浙江寧波阿育王寺藏佛舍利塔同等重要，寺前現存唐代殘碑可資證明。唐憲宗年間（八〇六－八二〇年）曾迎該寺所藏佛骨舍利於皇宮供養，此後仍送還寺內。韓愈當時曾上書諫迎佛骨而得罪皇帝，被貶潮州，故韓愈賦詩，有「一封朝奏九重天，夕貶潮陽路八千」之句。該寺不僅為陝西佛教聖地，亦中國乃至全世界佛教稀有的鴻寶。

最後再略述陝西對於佛教聖業的集中和發展。自東漢至唐代約六百餘年間，所有東來弘法的高僧可考而知的有七十餘人。而以羅什、覺賢、不空等最為著稱。西行求法高僧可考而知的有二百餘人，就中以法顯、玄奘、義淨等最為著稱。所有中外高僧大都集中於長安（法顯由長安西行，由海道回國，在東南各地譯經弘法），故佛教界相傳兩句俗話：「八百師子吼秦川，三千衲子下江南。」義淨三藏有詩曰：「晉宋齊梁唐代間，高僧求法離長安。去人成百歸無十，後者安知前者難。路遠碧天惟冷結，沙河遮日力疲殫，後賢如未諳斯旨，往往將經容易看。」

以下再舉兩例，可證陝西在佛教傳播發展過程中的重要地位：

一、**中國佛教各宗陸續由陝西傳入日本**。如華嚴宗由日僧良辨承傳於唐僧杜順，後創立東大寺於日本。又日僧道昭受學於玄奘，日僧智通等求學於玄奘及窺基。後更有日僧元昉遊唐，求學於玄奘法孫智周，日本始有法相宗一派。日僧空海就學於唐僧慧果，回國始創立東密一宗。其他如三論、律宗、成實、俱舍等宗，均先後由陝西傳入日本。至於天臺宗，則早已由東南傳入日本。於此尤當注意的是，隨著佛教各宗傳入日本，佛教經書同時也大量傳入。中國自唐武宗毀佛滅法（八四〇－八四六年），佛教大受摧殘，唐室亡後，歷代兵燹不斷，凡中國所亡失的佛典多賴日本而得以保存。清末光緒甲午（一八九二年）前，始由楊仁山居士從日本把中國所亡失的佛典取回一部分。此後日本的《弘教藏》和

《續藏經》相繼來中國，以前所失各經論疏遂完全收回。故一般稱日本佛教對中國佛教為反哺，正如印度自被外力侵佔後，佛典散失，近代又由中國反哺一樣。

二、**西藏佛教也多由長安啟蒙**。唐太宗文成公主遠嫁藏王松贊干布，公主信佛，曾帶去佛像佛經和僧人。其實在此之前，信仰佛教的尼泊爾赤尊公主已嫁給藏王。當時西藏尚無佛教，是受到這兩位公主的影響，藏王始皈依佛教，且派藏人往印度留學，研習佛法和梵文，從而創制了藏語文字。至唐中宗時，更有金城公主嫁給藏王赤德祖贊，公主也信佛，藏王因而發願弘揚佛法。其後藏王赤松德贊又從印度請來蓮花生大士協同百餘法師入藏，蓮花生就是紅教的開山祖，從此藏傳佛教才得以長足發展。由此可見，早在一千二三百年前（七八世紀間），長安佛教即對藏傳佛教的發展起過間接的促進作用。

近代以來，陝中佛教衰敗至極，宗風不振，義學久荒，戒德消沉，僧才缺乏。諸祖塔寺雖尚保存在西安周邊，長期以來都處於拖殘守缺的狀態，所謂「紹隆佛種，弘宣正法」的榮耀久已暗淡無光，遠不能與隋唐時期的盛況相比。

一九四九年以來，受惠現政府執行的宗教政策，又得到省市領導的特別關懷，陝西佛教界也出現了新生的氣象。* 近年來重修大雁塔慈恩寺，大修興善寺，對興教、草堂、臥

* 編案：作者康寄遙於一九五七年寫就本書初稿，一九五八年修訂，當時的中共領導人為毛澤東，陝西省省委書記為張德生，陝西省省長為趙壽山。

龍、廣仁等寺均先後有所修補。在高年僧人中，有個別人獲邀參加政治活動和國際訪問；在青年僧人中，更有人被選入首都佛學院進修研習。所有這一切都給佛教的新生帶來了前所未有的機會。目前中印友好日益加強，中印文化交流日益進展，當此百廢俱興之日，追溯陝中佛寺的緣起和發展，縷述這些寺院的興建在昔日中印文化交流史上值得一提的往事勝蹟，既可備文物保護單位作有益的查考，也可供關心佛教文化的人士方便披覽。正是有鑒於上述的需求和必要，編者編寫了這本記錄陝西佛寺的初編。是為序。

附言

佛教紀元傳說頗多，計有五十二種不同的說法，現在通用的有三種：（一）據唐法琳法師考定，佛生於周昭王二十六年甲寅，今年應為二九八四年。這是中國向來一般通用的紀年。（二）按照錫蘭巴利文系佛元，今年則應為二五八一年。去年錫蘭、緬甸、印度都舉行佛涅槃後二五〇〇年紀念會，就是依據這個佛元。（三）據《眾聖點記》所說，「佛涅槃後，優波離既結集律藏訖，即於其年七月十五日受自恣竟，以香華供養律藏，便下一點置律藏前，年年如是。」到了中國六朝蕭齊永明七年，印度僧伽跋陀羅將律藏帶至中國，在廣州竹林寺譯出此律，即於當年七月十五日安居竟，如前師法，供養律藏，即下一點，每點計一年，其時已九百七十五年。齊永明七年即公元四八九年。由此推定（九七五－四八九＝四八六）佛滅當在公元前四八六年。佛在世八十年，（四八六＋八十＝）五六六再減去最後一年與點記重計的一年，**故佛誕當在公元前五六五年**。這是依《大唐內典錄》卷四，且在佛元中為最有物質憑證的一說。近年考證印度史的中西學者，多主此說，編者對於佛元，向來贊成此說。故文中關於佛史年代均以「點記」與公元配合。若按照「點記」，今年是一九五七年，再加五六五年，因而今年當為佛生二五二二年。

一九五七年　丁酉春節

第一章

草堂寺
逍遙園
棲禪寺

草堂寺塔（1954年）

位置

草堂寺在西安市西南約六十里，戶縣東南約四十里的圭峰下，屬戶縣境，在草堂營區。西北距道安寺約五十里，東南距淨業寺約二十餘里，東距靈感寺約十餘里，南距圭峰禪師塔院一里許。該寺南對圭峰，東臨澧河，有觀音、圭峰、紫閣諸山屹立羅列，有澧峪、子午峪、高觀潭等勝景東西掩映。每當夕陽返照時分，可見淡煙暮靄搖曳於圭峰頂端，彌漫於草堂上空，如祥雲回護，是為號稱關中八景之一的「草堂煙霧」。

沿革

現在的草堂寺，僅為姚秦時代逍遙園內的一小部分，後來姚興於弘始三年——即東晉隆安五年（公元四〇一年）——迎請鳩摩羅什三藏法師來長安，住逍遙園西明閣，翻譯佛典。這在我國佛教史上是極其重大的一件事情，相傳此後不久就建立了草堂寺。據隋開皇時費長房所撰的《歷代三寶記》卷八云：「世稱大寺，非是本名，中構一堂，權以草苫，即於其內及逍遙園二處翻譯佛典。」又云：「魏末周初，衢街稍整，大寺因而成四伽藍，草堂本名，即為一寺。」又云：「姚興之世，大盛宣譯，卑萬乘之心，尊三寶之教，興既虛衿崇仰佛法，恒於大寺草堂之中，供三千僧，與什參定新舊諸經，莫不精究，洞其深旨。」依此可知，在姚秦時，草堂在逍遙園內，同做譯經的場所。又據《釋氏稽古略》云：東晉義熙二年（四〇六年），羅什譯出《法華經》七卷，又於草堂寺譯出《梵網經》二卷。由此可知，草堂寺這一名稱與羅什在此譯經的史實是分不開的。至唐憲宗元和二年（八〇七年），已是在羅什譯經約四百年之後，圭峰宗密定慧禪師住草堂寺，復大振宗風，中興草堂。據寺內清乾隆時碑文所說：「唐憲宗元和間敕修，改為草堂寺。」《長安史蹟考》也說：「定慧禪師建立草堂寺，昭宗時重修。」須知在唐時只可說中興草堂，不應說「改為」或「建立」草堂。又據《戶縣誌》及明趙崡《石墨鐫華》記草堂寺石刻云：唐高祖李淵為鄭州刺史時，曾於隋大業二年正月初八日，為他兒子李世民（即唐太宗）的目疾前來草堂求佛保佑，發願供養。據此可知，「草堂」之名並不始於唐代。

唐時改草堂為棲禪寺，《陝西通誌》和《關中勝蹟圖誌》均持此說，但又云棲禪寺即所謂草堂。宋太祖乾德四年（九六六年）重修，改稱清涼建福院，但草堂、棲禪兩名，仍相互沿用。金、元兩朝，仍稱草堂，觀寺內金時趙閑閑題草堂寺詩碑文可以證明。明代仍沿舊名。清雍正十二年封羅什門人僧肇為大智圖正聖僧，改寺名為聖恩。但這個名稱一直鮮為人知，直到今日，該寺仍稱草堂。又據大元至正十四年（一三五四年）寺僧所立宗派碑，內記羅什三藏和定慧禪師法派統系，該碑名曰「逍遙園大草堂棲禪寺宗派圖」，顯然又三名並舉。

羅什當年在逍遙園網羅俊彥，合力譯經，曾受到後秦國主姚興的全力支持，這在中國佛教史上是國立譯場的開端。據《晉書》及《高僧傳》略述，「鳩摩羅什」這個梵語名稱翻譯成中文，義為「童壽」。他父親祖籍罽賓（北印度），名叫鳩摩炎，出身世家，天資聰敏。鳩摩炎後來出遊龜茲國（今新疆庫車、雅沙二縣境），深獲國王崇敬，國王將其妹耆婆許配給他，生子鳩摩羅什（初名弗沙提婆）。羅什七歲時隨母親一同出家，從師受偈，日誦千偈，每偈三十二字，共三萬二千言。誦諸經論，師授其意，即自通曉。羅什九歲隨母來到罽賓，國王的堂弟盤頭達多是著名的名德法師，精通三藏九部。羅什奉達多以師禮，受經四百萬言，達多每稱羅什為神俊。國王曾請羅什與外道論師對辯，羅什雄辯獲勝，王益敬佩羅什，大修供養。羅什十二歲時同母親返回龜茲，許多國家對他重爵相聘，羅什均未接受。他年二十受戒於王宮，聲譽播揚國外。前秦苻堅伐占襄陽後，協同道安法師返抵長安。道安法師推崇羅什，稱其為聖人，請苻堅迎取羅什。苻堅隨即派遣呂光領兵七萬往伐龜茲，特別吩咐呂光，務必將羅什迎來。呂光既得羅什，中途聽說苻堅已為姚萇所害，因而囤兵涼州，自立為帝，國號為涼（史稱後涼）。羅什滯留涼州十七年之久，姚興於弘始三年（四〇一年）出兵西征，攻打涼州，涼主呂隆兵敗投降，羅什才被迎至長安，這時他已五十八歲。姚興即以國師之禮待鳩摩羅什法師，恭送他到逍遙園，引諸沙門，於澄玄堂聽羅什宣講佛經。羅什既通梵言，又嫻華語，更通西域語言，他任主譯，僧肇、僧睿、僧略等號稱「四聖」、「八俊」、「十哲」的沙門英傑為其助譯，包括秦王姚興本人都倍加關切，親自參與譯事。他經常與羅什討論經文要旨，筆受譯文，手執舊有譯文，校正新譯。羅什發覺舊譯經典多有乖誤，於是對支、竺諸法師舊譯中的「滯文格義」多加改進，悉令會通，從而革新了自東漢明帝十年（六十七年）佛教東傳以來的翻譯大業。羅什所譯各經向來為佛徒所喜讀，因此佛界稱他為七佛譯經師，也就是說，過去七佛所說的經典都是他經手翻譯的。據道宣《內典錄》統計，鳩摩羅什翻譯經、律、論、雜傳等九十四部，共計四百二十五卷。中國的譯經事業歷經千年，共譯出佛典四千七百餘卷，羅什主譯的卷數幾乎占全數的十分之一。他的譯經功業與唐代的玄奘三藏前後輝映，成為中國佛經翻譯史上的兩座高峰。羅什示寂之前，曾對眾發誠誓言說：「若所傳譯經論無謬，當使焚身時，舌不焦爛。」弘始十五年（四一三年）四月十三日，羅什圓寂於逍遙園。時年七十，依佛教傳統，焚屍火葬，薪滅形碎，惟舌不壞，即收靈骨，葬於逍遙園所建的舍利塔。此塔俗稱八寶玉石塔，各層顏色，層次分明，以玉白、磚青、墨黑、乳黃、淡紅、淺藍、赭紫及灰色共八色玉石雕鑲而成。最下層為方形，台下至頂高七尺五寸，下部圓臺已磨滅不明，猶隱約存有陰刻痕跡，浮雕須彌山座，其上重疊三層雲台蔓草橫紋浮雕。

中部有八角形龕和陰線佛像，銘刻題字：「姚秦三藏法師鳩摩羅什舍利塔」。另有宋代權邦彥於丁酉仲秋晦日親來禮塔所作偈語：「大士入東土，姚秦喜服膺。當年羅八俊，盡是詰三乘。翻譯明佛旨，圓通並祖燈。如何生別派，南北強分明。」寶龕之上覆以屋脊飛簷頂蓋，蓋下有陰刻佛像，蓋上有三層寶珠。殊為精緻，歷千餘年，完整如新，倍覺可貴。

寺壁有後人石刻唐太宗題贊羅什法師碑，內有「十萬流沙來振錫，三千弟子共翻經……堪歎逍遙園裡事，空餘明月草青青。」讀此詩句，逍遙園在唐初的荒涼景況已可想見矣。

羅什法師之後，至唐代，則有圭峰宗密定慧禪師駐錫草堂，弘法利人。師俗姓何，果州西充人，生於唐代宗大曆十四年（七七九年），憲宗元和二年（八〇七年）從遂州道圓和尚出家，時年二十八歲。其後宗密歷謁各方大德，均獲贊許。在四川受齋時聞道圓和尚講授《圓覺經》，宗密深達義趣，誓傳此經，因著有關《圓覺經》的講解疏鈔六十餘卷，並著有關《華嚴經》、《金剛經》、《起信論》的疏鈔多卷。大和二年（八二八年），唐文宗詔宗密至宮內垂問佛法，特賜法師紫方袍，賜號「大德」。宗密不久即請歸終南山，於武宗會昌元年（八四一年）正月初六，坐化於終南山圭峰寺的興福塔院。同月二十三日火化，得舍利數十粒，悉欽藏石室。唐宰相裴休為作碑記並書，柳公權篆額，該碑現仍保存在草堂寺內。宗密的舍利寶塔則在該寺之外約一里許。直到宋代時，草堂寺占地仍約十頃，此寶塔當日應建於寺內。塔名「圭峰宗密定慧禪師青蓮之塔」，因為唐宣宗追封宗密為定慧禪師，又因青蓮是塔謚，故塔名如此。這塔是唐朝建造的，原物石質明顯遜於羅什法師塔，但形式相似，高約七尺。因久處露天下，風雨剝蝕，原刻石上的阿彌陀經文，僅餘數字，現該寺主持欲把塔移於寺內。

姚秦時代，草堂寺殿宇莊嚴，僧房宏敞，唐代以降，日漸蕭條。據《關中勝蹟圖誌》，宋時明道先生有〈草堂〉詩一首，該詩註云：「寺在竹林之間，其竹差將十頃，乃今根株盡無，獨寺後銀杏四株，上薄霄漢，亦百餘年物也，門外諸峰，蒼翠如畫。」現在草堂寺佔地已縮小二十多倍，竹叢所剩也無許多，所謂銀杏古樹，根本不見蹤影，惟門外諸峰猶覺蒼翠如畫。

明清以來，草堂日益凋殘，清同治時，因遭兵災，廟宇全毀。光緒七年（一八八一年），更遭洪水沖淹，千年古剎幾乎喪失寺院的面貌。一九四九年以來，省政府多次修理，現猶在整修中。

佛教宗派

羅什法師譯出《中論》、《百論》、《十二門論》，後世所傳的三論宗即由此三論而得名，再加上他所譯的《大智度論》，更有四論宗之稱。故草堂可稱為三論宗或性空宗的祖庭，羅什法師即是這一宗派的開山祖。及至唐朝，有吉藏法師為「三論」廣作論疏，專以此宗教授學徒，三論宗風隨之大振。因為吉藏久住越州（今紹興）嘉祥寺，所以三論宗後來也稱嘉祥宗。此外，羅什所譯的《成實論》也是廣泛傳播的大乘論著，研發該論的「成實學派」在南北朝曾盛行一時，風頭大有壓倒三論學派之勢。後世所說的成實宗自然也該奉草堂寺為其祖庭。

三論宗在吉藏大師之後日趨衰微，晚唐以降，遂無人問津。清末楊仁山自日本《續藏》中取回三論典籍，刊通流行，該宗始現復興之勢。一九二一年，張克誠老居士曾在北京開講「三論」，有蔣竹莊居士的記錄。太虛大師著《三論玄要》，曾在武昌佛學院講習。西藏佛界特別重視中觀學說，貢獻尤多。這些零星的研習都映現出草堂羅什學說的餘光。羅什不僅大量譯介了印度性空宗的學說，更譯出《十誦律》和《菩薩戒本》，律學昌明，由此濫觴。他還譯出《法華經》，對此後的法華宗——即天臺宗——也起到宣導作用。他所譯的《十住經》——即《華嚴經．十地品》——更有助於地論宗（後併入華嚴宗）的形成。他所譯的《孔雀王咒經》對密宗的發展也有啟發。此外，他還譯出《阿彌陀經》、《禪經》、《禪法要》、《禪要解》等，為淨土宗、禪宗最先貯備了可誦讀的經典。就中國大乘佛教的佈局組建來說，羅什法師的業績無疑是居功至偉了。而就中國佛教現有的宗派來說，他所譯經論之繁多竟涉及七個宗派。總的來說，鳩摩羅什法師留下的佛學遺產不只豐富多彩，有益後學，而且在中印文化交流史和華文翻譯史上，他的創舉和貢獻都是第一流的。

定慧禪師本來是華嚴宗的第五代祖師，他同時也弘揚禪宗，且承傳荷澤一派，即南宗頓派，故《高僧傳》及〈圭峰碑〉都尊他為禪林法宗。碑文說他「於荷澤為五世，於達摩為十一世，於迦葉為三十八世」。由於他講經說法不拘泥單一法門，據傳有人問他，是學禪的還是學律藏的，抑或是專門講經辯論的？他說他面面俱到，自稱是「大智圓明自證利他大菩薩」。裴休的碑文即為大師辯護說：「議者以大師不守禪行，而廣經論；遊名邑大都，以興建為務。乃為多聞之所侈乎？豈聲利之所未忘乎？嘻，議者焉知大道之所趣哉！夫一心者，萬法之總也，分而為戒、定、慧，開而為六度，散而為萬行。萬行未嘗非一心，一心未嘗違萬行，禪者六度之一耳，何能總諸法哉？」照這樣來說，定慧禪師又不必定限於禪宗，可說是通宗通教的大德。唐玄宗天寶年間，飛錫法師曾住草堂，著《念佛三昧寶王論》，該論後收入明代蕅益大師所編的《淨土十要》內。綜上所述，作為三論宗祖庭的草堂寺，早在唐代已是禪宗與淨土宗雙輝的道場了。

國際關係

鳩摩羅什祖籍罽賓，生長在龜茲，遊學西域諸國，最後譯經論道，廣收門徒於長安。他的弘法經歷正好銜接了佛教的梵文系北傳後進而東傳，形成華文系的轉折過程。他所譯的《成實論》、《百論》、《大智度論》和《大品般若經》主要承傳印度二期大乘佛教龍樹學派的學說，影響遍及東亞各國，備受學佛者推崇。三論導源於印度，承傳於中國，又流布日本，新加坡佛教界根據《高僧傳》原文，用白話改編成《羅什法師傳》一冊，一九五三年曾出版贈書二萬冊，廣為傳播，草堂寺亦獲贈一冊。

三論宗到唐朝時，次第傳入日本，其歷程遞進三次：首先是慧觀僧正傳。其次是智藏僧正傳，智藏是慧觀的法孫，越海入唐，傳授三論。最後是道慈律師傳。道慈是智藏的弟子，日本文武帝大寶元年，即唐武后長安元年（七〇一年），他入唐總傳六宗，以三論宗為本宗，同時也傳《成實論》，但以《成實論》附屬「三論」，並未別立宗派。「三論」導源於印度，承傳於中國，進而流布日本，在這一宗派承傳過程中，羅什無疑屬中心人物，他譯經和駐錫的草堂寺則是他功德圓滿的基地。

現狀

一九四九年以來，西安各處名勝古蹟多受到當地政府的重視和保護。一九五二年至一九五六年，省政府對草堂寺已兩次維修。第二期維修工程現仍在作業中。茲將寺內現狀簡述如下：

一、**寺址**：寺內面積現尚有四十畝，除殿宇塔亭僧房等佔地外，尚有可種植土地三十畝，四周均有圍牆。

二、**殿宇**：大殿五間。東廂房三間現用做接待室。走廊十二間，內列古碑。門樓一間。馬房三間。灶房三間已由政府整修。西廂房三間作僧房。鐘樓與鼓樓等，正在籌畫修理中。

三、**舍利寶塔**：位於大殿外的竹林西邊，即鳩摩羅什三藏法師舍利寶塔。經過一千五百餘年，這座寶塔至今尚完整無缺。已新修塔亭一大間，四周護以短牆，置有格門，可以關鎖，以期永久保護。寺南山門外，有圭峰定慧禪師塔，也是草堂重要的祖塔，應予維修保護。

四、經像法器：大殿中供泥塑佛像一尊，背後有觀音坐像一尊。有鐘二口：一、元鐘一口：元至元二十一年十一月鑄造，西安府戶縣太平鄉草堂主持僧祖照募造。鐘面鑄有「皇帝萬歲，太子千秋，風調雨順」十二個大字。該鐘重兩千斤，完整無損。二、明鐘一口：明萬曆十九年鑄造，重達九千五百斤，身高一丈，口徑八尺五寸。

五、碑碣文物：大殿後有唐故圭峰定慧禪師碑一座。羅什塔側有「逍遙園大草堂棲禪寺宗派圖」碑一座。山門向南，門額上書「古草堂寺」四字。寺內古碑已整理二十一號，列鑲走廊牆壁間，大都為歷代名人詩偈及重修本寺碑，其中較為珍貴者計有：唐太宗贊羅什法師碑；金趙閑閑題詩碑；元雪庵溥光詩碑。

六、僧眾組織及生活情況：以力空法師為首，現共有七人住寺。力師去冬由公派入寺主持。寺僧一九五五年加入當地農業社，全勞一人，半勞四人。一九五六年又退社，寺內現有可耕地二十畝許，由寺僧自耕。地方政府對寺有相當照顧，力空法師已任中國佛教協會陝佛教代表。

七、寺內修理情況：草堂年久失修，廟宇凋殘，近年來先後由政府添修僧房。去年又撥鉅款四萬，大加修理，現在尚未完工。

綜上所述，再附一偈，以作總結：

姚秦創立譯經場，什密先後共流芳。
寶塔莊嚴圭峰下，永布慧雲護草堂。

草堂寺今址：中國陝西省西安市鄠邑區（草寺路）

左，羅什寺（近照）　右，羅什寺淨土樹（1930年）

附　羅什寺

羅什寺在戶縣城南八里許的羅什村，該村屬羅什區。寺內現住僧一人，有明代石碑一座。羅什村的村辦小學校即在此寺內。據《重修戶縣誌》云：

> 舊誌寺內有淨土樹，一本六株。相傳羅什法師由西域來，在此休息，覆其履中土於地而生此樹。春華秋實，殼內結實似土，故名淨土。見明《一統志》。清縣學訓導傅龍標詩云：「芒鞋帶得一支春，羅什東來跡有因。無事移根蔥嶺外，自然挺秀白雲津。歷來海宇無多本，七易原身仍一真。樹以土名總是

淨，禪家妙諦此中尋。」又有清人王寬政、康弘祥詠淨土樹詩各一首。王詩云：「淨土標奇蹟，攀條仰大賢。七株雙鳳立，萬古一燈傳。樹老猶留晉，僧高可參禪，道心真不朽，長此住金天。」康和詩云：「古剎由來遠，名因羅什賢。兩株留法種，一本續真傳。花豔上林色，果空祇樹禪。色空原不異，東土自西天。」今考此樹，惟存四株，一大三小，然原根旁萌蘖而生者尚多。

這《重修戶縣誌》是民國二十二年（一九三三年）編印的，距今僅二十四年。當時淨土樹猶在，且該重修誌首卷有照片四，其中有一張即羅什寺的淨土樹，可見此樹當時仍存四株。可惜近日據寺中來人所言，已無一株倖存矣。聞之令人慨然長歎。

寺名羅什，村名區名均名羅什，連寺內的淨土樹都緣羅什東來鞋中土所帶的種子而生。由此可見羅什於草堂譯介經典，廣傳佛法，千百年來，在戶縣方圓留下的一縷善緣和綿長的德澤。

道安寺（近照）

附　道安寺

道安寺在戶縣以北的鑿齒村北門外，距縣城約二十里。寺內現存大佛殿三間，內有泥塑佛像三尊。前殿一間，內有阿彌陀佛像一尊。寺內西南角有石造旗壇及佛立像一尊。另有磚砌碑樓，形如佛龕，橫額刻有「一塵不染」四字。現住僧一人，名演正，已加入高級農業社。近年來，演正曾化緣將寺內略加修整，現無碑碣。無從考知其沿革，惟據《戶縣誌》云：「舊誌，道安與襄陽習鑿齒入秦，嘗遊戶。今縣北鑿齒村有道安寺，相傳村西三里許有道安墓」。道安是東晉時的著名法師，習鑿齒是東晉史學家，尤以其《漢晉春秋》、《襄陽耆舊記》見稱於世。據傳，這兩位名家初次相逢，均以自負的口氣互道姓名。習曰：「四海習鑿齒」，安曰：「彌天釋道安」，風趣的巧對一時傳為佳話。今道安寺與鑿齒村相毗連，即得名於這兩位當年均受苻堅器重，被延請到長安的至交。茲將道安的閱歷和他在佛教史上的重要地位約述如下。

道安法師本姓衛，晉懷帝永嘉六年（三一二年）生於常山扶柳縣，十二歲出家。因生得形貌黑醜，不為剃度師所重。他年二十四入鄴都，師事佛圖澄。一般人也因他黑醜加以輕視，但佛圖澄很賞識他，常對輕視他的人說：「此人遠識，非爾儔也。」佛圖澄每次講經，常由道安複述，他的釋難解疑曾贏得「漆道人驚四鄰」的讚譽。哀帝興寧三年（三六五年），慕容恪欲攻河南，情勢非常混亂，恰巧襄陽的大名士習鑿齒致書道安，迎請他去弘法。他就率同學和徒眾慧遠等四百餘人來到襄陽。道安在襄陽先住白馬寺，後居檀溪寺。每年宣講兩次《放光般若經》，並孜孜矻矻整理經典和編撰經錄，廣受朝野推重。晉孝武帝寧康元年（三七三年）遣使通問，發佈詔書曰：「安法師器識倫通，風韻標朗，居道訓俗，業績兼著，豈直規濟當今，方乃陶鎔來世，俸給一同王公，物出所在。」晉孝武帝太元四年（三七九年），前秦苻堅攻佔襄陽，道安和習鑿齒均受到苻堅重視。據《晉書》卷八十二所說，對於道安，苻堅「既見與語大悅，賜遺甚厚。」他在寫給諸鎮的書信中曾說：「昔晉氏平吳，利在二陸，今破漢南，獲士才一人有半耳。」書中「二陸」，乃指西晉著名文學家陸機、陸雲兩兄弟。所說的「一人」，即指道安法師，而所謂「有半」，便是說要像當年二陸入洛陽那樣把道安和習鑿齒一起延請到長安。習鑿齒跛足，不便行走，苻堅便派轎子把道安和習鑿齒一同送到長安。關於道安，據《高僧傳》云：「既至住五重寺，僧眾數千，大弘法化。」可見道安德望的崇高。太元十年（三八五年）二月初八，道安圓寂於長安，享年七十四。

在我國佛教史上，除了鳩摩羅什和玄奘，對佛教做出巨大貢獻的另一人即道安法師。據傳，苻堅曾把道安視為「聖人」，道安告訴苻堅，當今住在龜茲弘法的鳩摩羅什才是真正的聖人，並建議苻堅迎接羅什到長安譯經弘法。可惜苻堅與道安都無緣與羅什相見，羅什那時候久困姑藏，等後來被姚萇迎至長安，已在道安逝世十六年之後。有關道安在整理經典方面的成就，可分三點簡述如下：

一、**注疏了眾多經典**：據《出三藏記集》、隋《眾經目錄》和費長房《歷代三寶記》的記載略加統計，道安法師注疏經典的著作，包括序文在內，共計五十六種。現所存者，除了收於各大藏內的《人本欲生經註》一卷外，僅有《出三藏記集》所收錄的經論序文十四篇。此外，據《隋書・經籍志》及《通誌・圖譜類》，道安法師還著有《四海百川水源記》一卷，《江圖》一卷，《西域記》一卷，皆已遺失。

二、**編撰了經論目錄**：根據《出三藏記集》、《歷代三寶記》及《大唐內典錄》等記載略云：「漢魏至晉，經來稍多，其傳述經人，名字弗說，後生追尋，莫測年代。安乃總集目名，表其時世，詮品新舊，撰為經錄，眾經有據，實由其功。」這個「經錄」就是道安編撰的《綜理眾經目錄》一卷。「經錄」全文早已失傳，尚有一部分被收入《出三藏記集》。藉此可略窺見他卓越的見識及其「經錄」中所開創的體例。「經錄」的內容共七部分：一、經論錄，二、失譯經錄，三、涼土失譯經錄，四、關中失譯經錄，五、古異經錄，六、疑經錄，七、注經及雜誌經錄。道安的體例既綜合了前此經錄的優點，又有他獨自的創見。他把有譯者姓名的經論按時代排列，理出了佛學派別演變的線索，進而把沒有譯者姓名的經論另列一欄，並對疑偽的經論加以辨析區分，最後把僧人自撰的著作附於卷末。所以僧祐對他的《綜理眾經目錄》大加稱讚，說是「詮品譯才，標列歲月，妙典可徵，實賴伊人」。

三、**總結了翻譯經驗**：針對把梵文佛經翻譯成華文佛經所存在的諸多問題，道安法師在《摩訶鉢羅若波羅密抄序》中提出「五失本」和「三不易」的警示，條分縷析，詳加說明：

譯胡為秦，有五失本也：一則胡語盡倒，而使從秦，一失本也；二者胡經尚質，秦人好文，傳可眾心，非文不合，斯二失本也；三者胡經委悉，至於歎詠，叮嚀反復，或三或四，不嫌其煩。而令裁斥，三失本也；四者胡有義說，正似亂辭，尋說向語，文無以異。或千五百，刈而不存，四失本也；五者事已全成，將更傍及，反騰前辭，已乃後說。而悉除此，五失本也。然《般若經》三達之心，覆面所演，聖必因時，時俗有易，而刪雅古以適今時，一不易也。愚智天隔，聖人叵階，乃欲以千歲之上微言，傳使合百王之下末俗，二不易也。阿難出經，去佛未久，尊者大迦葉令五百六通，迭察迭書。今離千年，而以近意量裁彼阿羅漢，乃兢兢若此，此生死人而平平若此，豈將不知法勇乎？斯三不易也。涉茲五失，經三不易，譯胡為秦，詎可不慎乎！

對漢晉以來佛經翻譯的得失教訓，道安的告誡切中要害，誠為譯經過來人的甘苦之談。他把梵文譯為華文應遵循的「信、達、雅」相關問題，說得中肯而透徹，為後來的佛經翻譯者指出了正確的方向和可行的準則。此後隋彥宗法師的「八備十條」，唐玄奘大師的「五種不翻」，以及宋贊寧禪師的「六例說」，都分別與道安的告誡交相呼應，有所補充，從而促使佛經翻譯逐漸從譯文生硬趨於曉暢練達，形成了中國獨特的佛經翻譯體語言風格，不只豐富了傳統文言的用語詞彙，甚至對此後白話文的形成都產生了有待我們認識的影響。

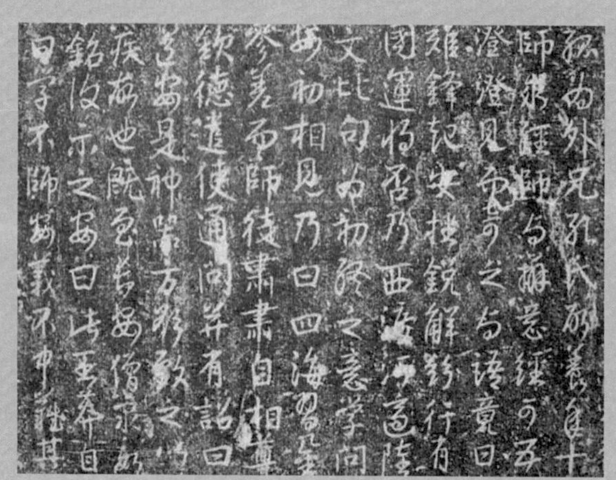

道安洞，〈苻秦國師塔碑記〉

附　道安洞

道安洞亦稱護國道安寺，在西安城南杜曲東南六里許，在興教寺西南八里許。《咸寧縣誌》云：「道安寺在城南四十里北王里，為苻秦國師道安居地。」現存金興定二年（一二一八年）〈苻秦國師塔記〉碑載：「府城南有義安院，為秦國師遺蹟，寺內有道安洞院，院中有塔，西倚高崖，東眺樊南之景。」碑文簡述道安法師事略，與《高僧傳》大致相同。又記宋慶曆中（一〇四一－一〇四八年），有施主重修此塔。並引《遊城南記》云：「此釋道安棲隱之所，薨葬於此。」十餘年前，西京籌備會為這個塔碑建成一磚砌碑樓。塔碑附近有一洞窟，通稱道安洞。附近有真武廟，據說是因那一塊地形狀若雞蛋，又稱雞子廟；又因每年在此集會作大臘祭，也稱大臘寺。該寺與戶縣道安寺同名，據《戶縣誌》記載，鏊齒村西三里有道安墓，這裡的〈塔碑記〉則云道安薨葬於此地。是否為其衣冠塚，尚待詳考。總之，兩處同名的佛寺都表明，道安法師弘法的功德輝映千秋，特別是在西安這塊他晚年生活和最終圓寂的土地上，已留下令後世永久懷念的物質印記。

第二章

大慈恩寺—大雁塔

慈恩寺大雁塔（1959年）

位置

大慈恩寺在西安市南郊，距城八里許，西距興善寺約三里，西北距薦福寺約五里，東北距青龍寺約五里，東南距慈恩宗塔院興教寺約三十里。大雁塔高聳寺內，向南遠眺終南，向東俯瞰曲江，西北與小雁塔迢遞相望。

唐時京城分宮城、皇城、外郭城三重，大慈恩寺在外郭城東南隅的晉昌坊內，北向正對皇城高處的含元殿。需要說明的是，西安今日的南城牆是唐代宮城南垣，所以現在遠處城外的慈恩寺當年是在京城之內的。

沿革

慈恩寺的前身是創建於隋朝的無漏寺，該寺至唐初已經報廢。高宗李治在東宮為太子之日，常懷念早逝的生母文德皇后，為報亡母慈恩，他求得太宗恩准，於貞觀二十二年（公元六四八年）在舊寺地面上重建廟宇，更名大慈恩寺。每日朝夕，高宗登上高踞龍首原的含元殿南向禮拜，回報母恩。

貞觀十九年（六四五年），玄奘法師從印度取經返回長安，隨即開始翻譯所帶回的經典。他先是在宏福寺譯經，後來才轉移到慈恩寺內專設的「翻經院」。新建的大慈恩寺有十餘個院落，所有殿宇僧舍共計一八九七間。各院「重樓複殿，雲閣洞房」，眾多的房間內「床褥器物，備皆盈滿。」太宗特別敕令，度三百僧人，特請五十名大德共商寺務。玄奘奉令任慈恩上座，此後便在慈恩寺內專務翻譯。永徽五年（六五四年），有旨度窺基為僧，任玄奘的高足弟子，襄助玄奘翻譯有關法相唯識學及因明學的經論。

玄奘譯經的場所計有三處。初在宏福寺，為時較短。次在慈恩寺，為時最久。最後則遠離長安，在太宗常去避暑的玉華宮（在今陝西銅川市以北）譯經四年。玉華宮為唐初興建的「離宮」之一，貞觀二十二年（六四八年），太宗前往巡遊，曾在宮內召見玄奘，詢問譯經事務，並令上官儀宣讀他在那裡撰寫的〈大唐三藏聖教序〉。永徽元年（六五〇年）九月，為紀念已故父皇，高宗敕令廢玉華宮，更其名為玉華寺，並於顯慶四年（六五九年），將玉華寺賜供玄奘做譯經道場。玄奘在玉華寺的譯經成績特別豐碩，包括法相宗最重要的經典《大般若經》六百卷在內，四年內共譯經論十四部，直至高宗麟德元年（六六四年）圓寂於玉華寺肅成院內。玄奘一生譯經十九年之久，所譯經論七十四部，共計一三三五卷。另有自著五種，現僅存《大唐西域記》及《八識規矩頌》兩種。

當初修建大雁塔，旨在妥善供奉玄奘由印度帶回的經像和舍利。建塔的計畫最初由玄奘提出，他於永徽三年（六五二年）附圖表上奏，經高宗恩准，朝廷出資，在慈恩寺西院建成一座仿印度塔形制的磚塔。據《大唐大慈恩寺三藏法師傳》記載，塔基方形，面寬各一百四十尺，塔高一百八十尺，初建只有五層。玄奘當初從印度到底帶回多少粒舍利，史書上並無確切的記載。據《三藏法師傳》中有關修建雁塔的描述，說是該塔「層層中心皆有舍利，或一千，二千，凡一萬餘粒。」塔的上層以石為室，塔身是土心磚表，最初並無盤梯。四十多年後，風雨剝蝕，塔身漸趨崩毀。武后長安年間（七〇一－七〇四），由武后和諸王公佈施鉅資，遂按照華夏營造方式施工，重新改建經塔，塔的內部改為空心，從此有了可入內登臨的空間。關於改建之塔的層數，有七層、九層、十層等不同的記載。但不管怎麼說，僅就唐岑參〈與高適薛據登慈恩寺浮圖〉詩中「四角礙白日，七層摩蒼穹」之句來看，至少在天寶年間，改建後的慈恩塔已是七層。至於改建過程中曾如何處置原先所藏的那麼多舍利，至今尚未發現有確切記載的史料。塔下層南門東西龕內有兩塊石碑，東邊是永徽四年（六五三年）十月唐太宗所撰的〈大唐三藏聖教序〉碑，西邊是同年十二月高宗所撰的〈述三藏聖教序記〉碑。兩碑皆中書令褚遂良所書，相傳為玄奘親手安置，至今猶很完整。西邊碑因欲與東邊碑相對稱，特意自左向右書寫，可謂碑文書寫形式的破例之作。

關於「大雁塔」之名，北宋張禮在其《遊城南記》中說：「其云雁塔者，《天竺記》

（按：即東晉法顯《佛國記》）達親國有迦葉佛迦藍，穿石山作塔五層，最下一層作雁形，謂之雁塔，蓋此意也。」張禮之說純屬臆測，唐朝修建的經塔何必要參照東晉人書中一則毫不相關的記載來命名！查閱唐代詩人詠塔詩篇，大都稱此塔為「慈恩寺塔」。由此可見，「雁塔」之名在整個唐代並不流行。「大雁塔」這個塔名，應該是在唐代以後，與薦福寺的小雁塔相配對叫起來的吧。

此外，大雁塔尚有一則與讀書人金榜題名相關的美談。舊傳唐代有進士雁塔題名的盛舉，但並無存世的碑碣可資考證。現存的題名碑將近百座，全都是明清兩朝新舉人仿照唐代進士題名的故事刊名立石，興會一時，聊以附庸風雅而已。據可靠的記載，唐時進士及第後會在杏園設宴慶賀，然後於慈恩塔下題名。白居易二十七歲及第後所詠的「慈恩塔下題名處，十七人中最少年」這兩句詩，便是一則明證。杏園設宴的活動正當上巳節前後，即杜甫〈麗人行〉「三月三日天氣新，長安水邊多麗人」所描述的情景是也。上巳節為唐代長安舉城春遊的節日，通常多是在曲江池沿岸舉行節慶活動。杏園所在的通善坊正好位於慈恩寺與曲江池之間，「曲江流飲」亦名列關中八景之一。不幸唐末兵亂破壞嚴重，曲江池斷絕水源後終於乾涸，歷經滄桑巨變，所謂的「曲江流飲」之地早已成為農田。站在慈恩寺前的小石橋上從東南望到西南，如今只有一片平曠的鄉野風光。這石橋初名遇仙橋，後改稱慈航橋。物換星移，世事無常，只有雄偉的大雁塔依舊巍然高聳。在它的周圍，每年春節，照例有熱鬧的廟會，屆時總是人山人海，給慈恩寺帶來一年最旺盛的香火。

唐末五代兵亂頻仍，慈恩寺內的殿宇屢遭摧殘。至宋神宗熙寧年間（一〇六八－一〇七七年），有富民名叫康生，他不慎遺火，經宵不滅，造成的損失最為嚴重。宋明以降，長安徹底喪失建都的地利，唐代的諸多勝蹟日益趨於湮沒。但慈恩寺畢竟是長安最重要的佛寺，明清兩朝，均有過大小不等的修繕。此類修繕多為局部補救的工作，多少起到些保存古蹟的作用。殆至民國年代，寺廟與雁塔已蕭條到一片荒廢的地步。一九三一年，朱子橋將軍募款重修殿宇和雁塔，並添建觀堂一座。同時請太虛大師於開光之日在寺內宣講《彌勒上生經》，並由朱子橋、康寄遙等人聯絡陝西高僧和居士發起倡議，創設慈恩宗學院。

佛教宗派

法相唯識宗以大慈恩寺為祖庭，故亦稱慈恩宗。針對三論宗昌言「自性空」，法相宗更強調「勝義有」，故亦稱「有」宗，奉玄奘為開山祖。其實在隋唐以前，如北魏永平元年（五〇八年）來到洛陽的菩提流支，太清二年（五四八年）抵達建康的真諦，這兩位高僧早已先後譯出有關法相唯識學說的經論，其中如《深密解脫經》、《攝大乘論》等多種譯作，即承傳印度世親一系的學說，是為華文系法相唯識學說最初的啟蒙。只是在玄奘於那爛陀寺就學戒賢論師，盡得其真傳之後，才促成了法相宗在中國的廣泛傳播。該宗所依據的經論號稱「六經十一論」。其實「六經」中只有《楞伽經》、《華嚴經》和《深密經》譯介到中國。而「十一論」中，較為流行的只有《瑜珈師地論》、《攝大乘論》、《十地經論》、《二十唯識論》、《辯中邊論》和《觀所緣緣論》。

奘師弟子千餘人，其中最傑出的首推窺基法師。窺基久住慈恩寺，一直協同玄奘翻譯經論，因而又被尊稱為「慈恩法師」。他除協助玄奘翻譯經論，還留下大量著述，就法相唯識學說在中國的傳播來說，玄奘的功績基本上以譯介為主，而在後來作出大量注疏及論述，發揮和運用玄奘的真唯識量之說，將法相唯識學說及因明邏輯發揚光大的，則應功歸窺基。但法相唯識學說畢竟論述繁複，析理深密，對久已習慣簡明表述的華夏受眾來說，它嚴明的因明邏輯推理和思辨精微的分門別類，的確是理解艱難，不易吃透。窺基、圓測諸論師的高頭講章僅在唐代振興其宗風於一時，隨著禪宗和華嚴宗的興起，法相宗便日漸式微，繁瑣的經論注疏大量散佚，宋代以後，雖間或有復興的萌動，卻再也難以企及唐代的盛況。清末自日本《弘教藏》及《續藏》中曾收回不少論疏，南北各刻經處多有翻印流通。近三四十年來，高僧如太虛創武昌佛學院和廈門佛學院，亦研習此宗。大德居士如歐陽竟無在南京創設支那內學院，韓清淨創設北京三時學會（現仍存在），均聚徒講習，印佈經論，盛弘此宗。現在中國佛界猶能對慈恩一宗繼續鑽研，以期承傳玄奘三藏的遺風於萬一，可說均受惠近代諸位緇素大德存亡繼絕的啟示和鼓舞。

國際關係

中國高僧中，千餘年之前留學印度，回國廣譯佛典，貢獻最大者，應數晉時的法顯、唐代的玄奘和義淨。法顯遊印往返十五年，所著有《佛國記》。玄奘遊印往返十七年，著有《大唐西域記》。義淨遊印往返二十五年，著有《南海寄歸內法傳》和《大唐西域求法高僧傳》。這幾種名著早為歐美各國所翻譯，且為世人所重視。而玄奘三藏尤為印度及各國所特別尊敬。玄奘在印度學府那爛陀寺戒賢論師處學習經論五年以上。此後遍遊五印，參訪大德，將回國時，戒日王為他專設無遮大會於曲女城。玄奘依照因明三支，即佛教邏輯立「真唯識量」，懸於大門，經十八日，印度大小乘論師無一能更易一字，因此在會萬眾尊稱他為「大乘天」。當時戒日王堅請玄奘乘大象巡繞全場一週，以顯榮耀。玄奘回國後，畢生精力貢獻於翻譯佛典，在中印文化交流史上可稱居功第一。

日本僧人道昭、智通、智達等先後來中國留學，親受法相宗於玄奘。於高宗調露元年（六七九年）回國弘揚此宗，其後日僧玄昉遊學於玄奘的法孫智周。據一九五五年日本宗教年鑒記載，日本法相宗現有四個宗派，有八十六個寺院，有一個學院，信徒有十二萬一千八百五十一人，可見玄奘學說之餘光在當今日本之輝映。歐陽竟無曾為玄奘作贊曰：「悠悠南行，五十三德。孑影西征，百十八國。千里跬步，僧祇呼粟。但有至心，胡夷胡側。弘始前驂，開曆後翼，竺梵支文，斯軌斯軾。寶積緣嗇，譯千三百。常啼再來，嘶風躡跡。」最近中國佛教代表團達賴、班禪兩大師訪印，以玄奘頂骨舍利禮贈印度，由印度總理尼赫魯總理舉行受禮大會，同時參禮玄奘當年留學的那爛陀寺故址，並由中國代表團贈三十萬元，資助在那爛陀寺故址建立玄奘紀念館。

現狀

一九五三年以來，為保護佛教勝蹟，西安市政府已兩次重修大雁塔。整修了塔內盤梯和內壁，用大磚加固了塔基，寺內殿宇也一併修葺。茲將寺內現狀列舉如下：

一、**寺址：**寺周圍牆略成方形，北部與太平堡相連，中隔短牆，現已開通。相傳此堡所佔土地亦屬寺中舊有。清同治年間兵亂，殿宇全毀，時局太平後，鄉人逃歸，遂就地造房，隨之定居，取名為太平堡。由此可知，今日全寺所佔之地，僅為原址的一部分而已。寺內現有地三十餘畝，圍牆東西約五十丈，南北亦約五十丈，除殿宇塔碑等佔地外，寺內可種植的土地約有十餘畝。

二、**殿宇：**山門三間南向，中間橫額石刻「大慈恩寺」四字。門內金剛殿三間，現無佛像，中間改為門道，左右兩間，各置一室。再向內，有鐘、鼓樓各一間，東西相對。中有彌勒殿三間，亦無佛像，文化館闢為展覽室。再向北進，東邊觀音殿三間無像，文化館已設為玄奘紀念館。西邊地藏殿三間無像，文化館已設為陳列室。陳列室以北碑石叢立，皆明清舉人題名和重修寺宇的碑碣。再向北進為一院落，有大雄殿五間，殿東邊寮房六間，現為文化館宿舍。寺廚房五間，飯堂三間，殿西邊，禪堂五間，現為文化館閱覽室。客堂四間，上為方丈室五間，後知客室三間。又有一小院，院內北屋三間，西屋二間，現為文化館宿舍和辦公室。另外寺內有磨房三間，柴房三間，庫房一間，雁塔茶社四間，廁所二處，各二間。共計殿宇房屋七十間。

三、**佛像：**寺塔中下層有石佛像在玻璃龕內，最上層有一石雕立佛像。無藏經。大殿有三佛像及十八羅漢像，各殿所供佛菩薩與他寺略同。大殿之前的東西廂房陳列玄奘三藏有關圖像及紀念要品，法器、鐘板等略具。

四、**雁塔：**近重修後，益顯雄偉。塔內盤梯寬平易登，塔的第一層高一丈二尺、二層三丈二尺、三層三丈、四層二丈四尺、五層二丈一尺、六層二丈、七層一丈六尺。最近實測由地平至塔頂實高六十四公尺，約合十九丈餘。磚塔整體上為磨磚對縫，堅固異常，千餘年來略無傾斜，古人建築技藝之精巧實令後人欽佩。塔下四面均有拱券形洞門，門框用青石鑲成，陰刻菩薩像及蔓草花紋，皆優美精妙，尤以西門所刻佛說法圖像為全國藝術界所一致讚揚。

五、碑碣：塔下南門東西有〈大唐三藏聖教序〉碑和〈聖教序記〉碑二座，皆唐代故物，均褚遂良所書。殿前有「重修慈恩寺」碑五座，東邊有本寺和尚小塔六座，其中多係曹洞宗派。大雄寶殿以南，有題名碑近百座，明末時五六座，餘均為清代鄉試題名碑。客廳前有功行碑一座。

六、僧眾組織：現有僧八人，仍按佛教優良傳統設有住持、當家、知客等職。住持寬宗，現在北京中國佛教協會所主辦的佛學院進修，由通玄代理。

七、生活情況：寺中僧眾去年已與臥龍、興善、木塔寺共四寺各以寺有田戶合組高級農業合作社，一年以來生活較前已有改善。

八、重修紀略：年來市政府大力修繕[1]，寺內各房，均已重修。寺內設有人民文化館，並陳列六朝造像及碑碣等文物，凡由寺址所發現的古物，一一陳列。另有玄奘三藏紀念陳列室，均用以供給遊人觀覽。

1　編案：此指當時的陝西省西安市政府。

最後再述兩偈以作總結：

中國慈恩寺，印度那爛陀。
鐘聲遙相應，文化早融和。
唐僧取經書，佳話遍娑婆。
悠悠十餘載，異地同謳歌。

大慈恩寺今址：中國西安市雁塔區小寨商業街

莊嚴寺（近照）

莊嚴寺（舊照）

附 莊嚴寺（木塔寺）

位置

大莊嚴寺，一名木塔寺，在西安市西南方，距離市區約十華里。在甘家寨以南，木塔寨以北，圍牆內占地面積約五十畝。隋唐時位於京城的西南隅永陽坊內。寺創建於隋仁壽三年（公元六〇三年）。隋初置宇文氏別館於此，隋文帝為獨孤獻皇后所立，初名禪定寺。在隋文帝下令修建「大興城」（唐代始更名長安）之初，按照總設計師宇文愷規劃，在城西南地勢較低的永陽坊兩個寺院——定禪寺和大宗持寺——內各建規制相同的七層木塔一座。該塔崇高三百三十尺，周長一百二十步。大業七年（六一一年）始完成。唐武德元年（六一八年），改稱為莊嚴寺，唐大中六年（八五二年）又改為聖壽寺。只因寺內建有崇高的木塔，長期以來，當地住戶一直俗稱該寺為「木塔寺」，連木塔寺附近的村落至今仍稱木塔寨。

這寺在隋唐兩代都很興盛，《長安誌》說：「天下伽藍之盛，莫與此寺為比」。《陝西通誌》載：「殷令名題額，南門外壁白蕃神，尹琳畫；中門東西壁，盧稜迦畫，兩壁甚大。」玄奘法師曾小住過莊嚴寺。現寺內古大雄殿地址前有倒栽槐二株，相傳為玄奘法師手植。

古蹟文物

佛殿僧寮：現有窯洞三面，前面有東西廈房各三間。正洞中供有西方三聖像三尊，高約七尺。

碑記文物現存有清代重修碑大小七塊。清康熙三十八年七月，〈重建莊嚴寺齋田免役記〉。清康熙三十八年九月，魏公功德碑。清康熙四十八年，〈重修木塔寺後閣碑記〉。清康熙五十五年，〈重興莊嚴寺碑記〉。清康熙歲次己酉三月，〈重修莊嚴寺碑記〉。清嘉慶十三年，〈重修莊嚴寺後閣記〉。清光緒十八年，〈常住清規碑〉（此碑嵌在窯洞牆上）。

現狀

千餘年以來，劫塵浩蕩，滄海桑田，幾經變遷，尤其是清朝同治年間，陝西干戈擾攘，焚毀破壞最為嚴重。今日寺內，除殘存的佛閣痕跡外，木塔早已頹廢，昔日富麗堂皇的殿宇建築俱已化為瓦礫。只有現存的三個磚砌窯洞係古代遺蹟。在舊法堂原址上，由西安市建設局苗圃新建鞍間房五間，向東建新房三間，再向東邊，又新建樓房五間，伙房一間。目前僧眾組織，有住持常清和尚，監院願西等。常住五人，俱已參加佛教農業生產合作社，衣食均有保證。

附 唐玄奘法師生平大事紀年簡表

生平大事	國史紀年	佛元（依《眾聖點記》）	公元	法師年齡	備考
一、誕生	隋仁壽2年	1167	602	1	依慧立所著奘師傳及彥悰箋
二、出家	隋大業10年	1179	614	13	依塔銘慧立本及彥悰箋
三、受具	唐武德5年	1187	622	21	狀、傳等同即在成都大慈寺受具戒
四、西行	唐貞觀3年8月	1194	629	28	狀、僧傳作29慧立本傳26箋28
五、往返及留印	唐貞觀3年至19年	1194至1210	629至645	28至44	往返及留印共17年
六、東歸入京	唐貞觀19年正月	1210	645	44	狀銘等同

生平大事	國史紀年	佛元（依《眾聖點記》）	公元	法師年齡	備考
七、翻譯經論	唐貞觀19年至麟德元年	1210至1229	645至664	44至63	回國後當年即在弘福寺，繼在大慈恩寺，後在玉華寺譯經約十九年，共譯七十四部一三三五卷，僧傳作一三三〇，銘作一三三八
八、捨化示寂	唐麟德元年二月初五日	1229	664	63	僧傳作65，塔銘作69，慧立傳彥悰箋作63，僧傳當是虛歲與63周歲可通。

第三章

興教寺——慈恩宗塔院

興教寺（1959年）

位置

興教寺在西安城東南，杜曲東，韋村西，距城約四十餘里。當樊川北限，即少陵原北崗，西北距大慈恩寺約三十餘里，西距華嚴寺約十五里，西南距道安寺約八里，南對終南玉案峰，俯視樊川，可謂城南樊川勝境。

沿革

寺在唐高宗總章二年（公元六六九年）創建。麟德元年（六六四年），玄奘三藏示寂後，初葬滻水東白鹿原。高宗以該處崇高，每易觸目，不免時動悲思。因而於總章二年移葬樊川北原，先修塔，後建寺，因睿宗李旦題寺額曰「興教」，故稱興教寺。至高宗永淳元年（六八二年），窺基法師圓寂於慈恩翻經院，即陪葬於三藏法師塔右。圓測法師於武后萬歲通天元年（六九六年）圓寂於東都佛授記寺，至宋政和五年（一一一五年），移葬興教寺，附三藏法師塔左。三藏塔因中宗製影贊，謚玄奘「大遍覺」，故稱「大遍覺塔」。該塔居中，五層，高七丈，四周各一丈五尺。窺基塔稱「慈恩塔」，位於西側。

圓測塔稱「西明塔」，位於東側。兩塔均三層，高一丈五尺，四周各六尺。三塔羅列如「山」字形，據駱天驤《類編長安誌》所載，「蒲（城）人胡子金題興教塔院詩云：『白塔月移山字影，春松風唱海潮音。』」三藏塔建成一百七十年後，從〈大唐三藏大遍覺法師塔銘〉序所描述的現狀來看，慈恩塔院已敗落到「塔無主，寺無僧，荒涼殘委，遊者傷目」的地步。

茲將三位法師簡史及三塔銘的因由略述於下：

一、**玄奘**俗姓陳，河南侯氏人（今偃師縣南）。生於隋仁壽二年（六〇二年）。大業十年（六一四年），年十三，出家於洛陽。唐武德五年（六二二年），年二十一，受具足戒於成都。貞觀三年八月，由長安西行往印度留學，貞觀十九年（六四五年）回國，往返十七年，攜回佛典六百五十七部。回國後獻身譯業，全力投入佛教經論的翻譯工作，朝廷為他多處設立譯場。玄奘獻身譯經，十九年如一日，共譯出經論七十四部，計一千三百三十五卷，可謂中國佛教史上首屈一指的大德。高宗麟德元年（六六四年）二月初五日，玄奘圓寂於玉華寺。初葬白鹿原，總章二年，移葬興教寺建塔。至文宗開成四年（八三九年），始有塔銘刻石，劉軻撰文，僧建初書。

二、**窺基**姓尉遲，字玄道，長安人。生於唐貞觀五年（六三一年）。父是衛公敬宗，伯父是鄂公敬德。玄奘由印回國，初見玄道，頗加竦敬曰：「若得斯人，傳授釋教，則流行不竭矣。」因而向其伯鄂公提出請求，鄂公感其言，奏報高宗，特令度窺基為僧，時年十七。窺基隨玄奘學習梵語，助理譯經，所草經論的疏義大行於時。高宗永淳元年十一月（六八二年），窺基圓寂於慈恩翻經院，年五十一歲。逾十日，陪葬玄奘於慈恩塔院。延至文宗太和三年（八二九年），有安國寺僧義林的高足僧令檢，奉行其師遺言，啟故塔，得全軀，依佛法火化，收靈骨再建塔。隔年即太和四年，由李宏度撰塔銘，僧建初書。關於窺基生年，有五十一與五十三兩種說法，銘云五十一，碑則云五十三。碑云永淳二年壬午寂，故加生年。須知永淳只有一年，確是壬午（六八二年），次年即是宏道年號（六八三年）。今應以銘為準。

三、**圓測**名文雅，字圓測，新羅國王孫。圓測生於隋大業八年（六一二年），三歲出家，十五請業。天資聰敏，雖數千萬言一歷其耳，不忘於心。唐貞觀中度為僧，受戒後，住長安玄法寺。鑽研《毗曇》、《成實》、《俱舍》、《婆沙》等論及其注疏。玄奘三藏自印度歸，一見契合，即隨玄奘譯經受學。圓測承學有若生知，後被召為西明寺大德。曾撰《成唯識論疏》十卷，《解深密經疏》十卷及《仁王經疏》三卷、《般若心經疏》一卷等，羽翼聖教，贊佐玄奘，弘化利人，居功甚偉。時有中印度三藏地婆訶羅至京，奉詔與諸大德會譯《大乘顯識經》等十八部經論，圓測位居其首。此後他又應詔入東都講新譯《華嚴經》，尚未終席即圓寂於佛授記寺，享年八十四歲，時當武后萬歲通天元年（六九六年）。武后改唐為周，故圓測的塔銘稱他為「大周西明寺大德」。同年二月十五火葬於龍門香山寺北谷，便立白塔於青山葬所，分部分舍利另葬於終南豐德寺東嶺。至宋政和五年（一一一五年），又從豐德寺葬所分部分舍利葬於玄奘舍利塔左邊，其塔由宋復撰文並書。圓測塔的風格、形狀、規模與窺基塔完全一樣。按照圓測塔銘的描述，該塔建成後，「金輪寶鐸，層構雙聳，矗如幻成，其下各環以廣廡神像，崇邃左右，以附奘公焉。」圓測法師塔銘原石不知何時丟失，在一九三二年重修三塔時，僅覓得塔銘原拓本一張，遂另行刻石，鑲於塔側。在刻石後部，刻有宋聯奎附記，志明因由。

唐穆宗長慶年間（八二一－八二四年），僧曇景對塔院曾略加修葺。文宗太和二年（八二八年），安國寺僧義林籌資修玄奘塔，工程未竟而示寂。他遺囑門人令檢，命其必求文士作銘。又經十年，始求得劉軻作成塔銘。宋元豐四年（一〇八一年），知京兆龍圖李（呂？）公途經興教寺，登上少陵原，遙望終南秀色，囑寺主僧晏靜加蓋玉峰軒。由萬年縣令陳政舉作〈玉峰軒記〉。以上事件是宋張禮五年後遊興教寺時在他的《遊城南記》中簡述的。據張的所見，那時還呈現「殿宇法制，精密莊嚴」的景觀，可見北宋末年，經過修繕的興教寺廟宇還很整飭氣派。不幸經明清多次兵亂，昔日建築已全部摧殘，到民國年間，塔院內只剩下三座舍利塔，且多殘破。

民國十一年（一九二二年），僧妙闊由南方來寺主持，其時殿宇全無，只有破屋兩間，土窯數座。其後由妙闊法師募修大殿五楹，寺僧自理，修東西寮房十間。一九三〇至一九三四年，由朱子橋諸人募資補修三塔，並建塔亭三間，將玄奘及窺基、圓測遺像均刻石安置塔亭內。玄奘、窺基兩像據聞係唐時宮中所供，尺幅很大，後來流散到日本東京，由南京支那內學院設法拍照，縮製銅版，於一九二一年精工彩印，流通供奉。另有一說，此玄奘像係從印度摹繪而回。修塔之時，玄奘和窺基像即依照此彩印像放大刻石。但圓測像無從依據。幸好修塔時在塔下小堂內覓得圓測塑像，因而拍照後再放大，作畫刻石。同時在窺基師塔下亦覓得塑像，發現其塑像與唐畫像比較吻合，故可推知，那座圓測塑像應為可信的肖像。當時並請支那內學院歐陽竟無大德為三法師作像贊，並親書玄奘像贊，一併刻石。一九三九年，程頌雲諸位又募捐修建大殿藏經樓、山門及寺外東邊山亭。興教寺因而有所改觀，增色不少，在當時的城南諸佛寺中可算景觀最佳的了。

一九三三年，慈恩宗學院曾由慈恩寺移至興教寺，可惜因緣不順，辦理一年，即告停止。一九五六年，地方政府出資大加修整，並為藏經樓補充經卷，興教寺始煥然一新，比往昔更加壯觀。

佛教宗派

興教寺是慈恩宗的塔院，自然是慈恩宗派。玄奘三藏是這宗的開山祖，慈恩法師為二祖，西明大德也是這宗的重要祖師。玄奘留學印度那爛陀寺，受業戒賢論師，研習五年以上，熟習《瑜伽師地論》，回國後及早譯出這一法相宗的根基論著，不只承傳了無著、世親學派，也算是延續了唯識學開山祖師彌勒菩薩在中國的香火。梵文彌勒，譯言慈氏，恰與慈恩宗及其慈恩塔院巧合。此外，玄奘譯出《大般若經》六百卷，該經就是三論宗所宗的經典。玄奘譯經功業可謂統攝空、有二宗派，全面譯介了印度二期佛教的學說。關於因明，也就是佛教邏輯學，陳那的創舉在於把以前的「五支作法」簡化為「三支作法」，從而創立了「新因明」。玄奘譯出陳那弟子商羯羅主所著的《因明入正理論》，該論是陳那《因明正理門論》的入門讀物，譯出後即由窺基作大疏六卷。因明學在中國的傳播功歸玄奘師徒。此外，玄奘所譯的《稱讚淨土佛攝受經》，其實與羅什所譯的《佛說阿彌陀經》是同本而異名。有趣的是，玄奘又兼弘《彌勒上生經》，且發願上生彌勒淨土。窺基既疏解《彌勒上生經》，又著《彌陀通贊宗西方要義》。可見他們師徒兩人雖發願「彌勒淨土」，而對「彌陀淨土」，也持兼收並蓄的態度。

國際關係

玄奘在一千三百年前留學印度，在他即將從印度回國時，戒日王為他設無遮大會，遍請各地大小乘論師參加，由奘師用因明三支比量，立真唯識量，懸於大門，經十八日，無人能易一字。玄奘因而受到大小乘僧眾一致的推崇，榮獲「大乘天」——會通佛法，圓滿解釋大乘和小乘——的稱號。現印度政府準備在奘師久住的那爛陀寺為他修紀念館，中國佛教代表達賴和班禪兩大師訪問印度，代表中國政府捐助三十萬元經費，資助印度修建玄奘紀念館。玄奘所著《大唐西域記》十二卷，在歐美各國多有譯本，已成為研究印度七世紀歷史的基本材料。連印度旅行服務社現有的宣傳材料上都印有興教寺內刻石的那幅玄奘行旅像：他背荷一裝滿經卷的經篋，篋上吊一燈盞，一手持經卷，一手持拂塵，據近人遊印度的報告，差不多在印度每一個車站，都張貼此像。近年南洋，尤其印度來華各代表團，凡到陝西的，都要到興教寺為玄奘塔獻花圈致敬。至於日本僧人，如道昭在唐時來中國親學於玄奘三藏，回國弘揚法相宗於元興寺；如智通、智達入唐就學於玄奘及窺基，回國後承傳法相宗；若朝鮮圓測可作代表人物，其後元曉亦追慕私淑玄奘及窺基。綜上所述，大乘佛教經梵文系傳至中國，再經華文系推廣到東亞，玄奘師徒翻譯和注疏經論的奉獻發揮了關鍵作用。

現狀

一九四九年以來，陝西省及長安縣政府執行保護古蹟名勝的政策，特別對興教寺多次側重修繕。茲將寺內現狀約述如下：

一、**寺址**：北依少陵原，南邊山門外有高坎，寺內地約十八畝，有果園，寺內原下一洞有泉，流出一縷清水，可灌溉法堂後邊的菜園。除殿宇所佔地外，果園菜園佔地約十畝。

二、**殿宇**：在北邊有法堂五間（東西各設僧住大室一間，中有佛堂三間）。法堂西邊是慈恩塔院，北部有塔亭三間，西有僧房一間。法堂向南，東西相對，僧房各五間。中間有大殿五間，遊廊四周各一間。大殿前左右鐘鼓樓各一間。再向南即山門，門有三門洞，中門上刻有「護國興教寺」五字。東邊門上刻「妙相」，西邊門上刻「莊嚴」。再向東，有一大門，為行人及車輛出入通路。大殿以東入圓門，進入另一院落，即慈恩宗三塔所在地。法堂東北崖下有廁所三間，法堂東側有廚房三間，寺後崖下有三土洞，居中的洞內供有佛像，西邊洞內養有家畜，東邊洞內流出泉水。寺外東邊有一小山亭，亭上有屋，下有洞，是建大殿經樓時同時修建的。總計寺內殿宇、經樓、僧房、山亭，連同其他房間以及走廊在內，約四十間以上。

三、**經像法器**：法堂供釋迦牟尼佛塑像一尊，銅佛像一尊（聞係三十餘年前在西安鑄造的）。四壁鑲有《金剛經》全文石刻，為張朝墉恭書，朱慶瀾募刻。塔亭西僧房所供銅鎏金旃檀佛立像，係北朝北魏造，是西安佛化社貢奉的。大殿有千佛繞昆盧古銅像一尊，元朝鑄造，係政府最近捐贈。這佛像高約七尺，重二千七百斤。藏經樓下供緬甸雕刻玉佛像一尊，高約二尺。陳列室內有尼泊爾所贈木刻佛殿一座，梵文佛經兩本，西安市文化局所贈清乾隆時蠟台花各一對，壁間掛有程潛所書《八釋規矩頌》木刻四大塊。藏經樓上現由政府購送經櫥四座，並由政府送來影印宋《磧砂藏經》兩部（有缺本）。寺內尚存有支那內學院刻印全部經論。

四、**寶塔**：寺內西院有三塔，大唐三藏法師玄奘寶塔居中，高七丈，四角底周每角一丈六尺，塔北下層中鑲大遍覺塔銘。這塔銘與窺基、圓測兩塔銘四周均有新建欄杆保護，塔下龕內有玄奘法師塑像。西右邊是窺基法師舍利塔三層，四角，高一丈六尺，塔周每角六尺，塔下龕內有窺基法師塑像，塔下層有慈恩塔銘。東邊左方有圓測法師舍利塔，層級高度與基師塔同，塔下層有西明塔銘，圓測塑像亦在塔下龕內。

五、**碑碣**：法堂南簷下東邊有興教寺建修法堂碑，為妙闊法師撰文並書。塔院北部塔亭內有玄奘、窺基、圓測三師石刻畫像，鑲右壁間，三師像贊均為歐陽竟無大德所撰，分別為歐陽竟無、朱慶瀾、葉恭綽所書。又有一九三一年重修塔寺碑和一九三四年重修慈恩塔院碑，兩碑均為寂園居士撰文，前者為太虛法師所書，後者為宋聯奎先生所書。

六、僧眾組織：常住六人，仍按佛教傳統的組織，有住持、當家等職名。妙闊法師主持寺務已三十餘年，現任陝西省人民代表、省政協委員、中國佛教協會理事。法因任監院。

七、生活情況：常住寺內有四人參加勞動，生活較前普遍提高，且由政府按時照顧，僧眾生活均感到安適愉快。

八、修理近況：一九四九年以來，外賓時來興教寺參觀，政府多次修整，殿宇全部油飾莊嚴，並由政府在藏經樓下設備客堂及應用器物，以方便接待外賓。

綜上所述，再附一偈以作總結：

慈恩列祖振宗風，古今中外仰奘公。
巍巍三座傳燈塔，永放光明日月星。

興教寺今址：中國陝西省西安市長安區興教寺慈恩塔院內

第四章

大興善寺

大興善寺（1910年）

位置

大興善寺在西安城大南門外西邊，距城五里許，東距大雁塔大慈恩寺約三里，北距小雁塔大薦福寺約二里，東距現在的青龍寺約五里。該寺所處地段如同印度舍衛城外的祇樹給孤獨園，既無喧囂，亦不偏僻，是城南古剎中規模最大的一座。

沿革

該寺創建於晉武帝泰始至泰康年間（公元二六五－二八九年）。初名尊善寺。隋文帝楊堅登基，正值周武毀佛之後，為收拾人心，遂大崇佛法。開皇二年（一五八二年）建新都，先置此寺，名都城為大興城，寺在京城靖善坊，因取都城「大興」二字，又取坊名的「善」字，名其為「大興善寺」。寺內建築規模宏大，約佔靖善坊全部土地。在當時的海內佛寺中，此為首屈一指。唐神龍元年（七〇五年）改為酆國寺，至景雲元年（七一〇年）仍復今名。

隋開皇年間（五八一－六百年），印度高僧那連提黎耶舍（譯言尊稱），闍那崛多

（譯言德志）和達摩笈多（譯言法密）先後來華住興善寺，帶來梵本佛經甚多。當時興善寺是朝廷設立的譯經院，曾由耶舍主譯佛經十五部八十餘卷，由崛多主譯三十七部一百七十六卷，笈多久住興善，至大業末（六一六年），主譯經論七部二十二卷。這三位高僧世稱開皇三大士，他們先後所譯的經論，在中國佛典翻譯史上均獲較高的評價。

唐開元四年（七一六年），印度高僧善無畏來華。開元八年（七二〇年），金剛智和不空一同來華。這三位開元間先後來華的高僧世稱開元三大士。善無畏與金剛智均譯出不少佛教密典，而集密典之大成者則應屬不空三藏。不空是北印度人，隨其師金剛智來華時年僅十六。金剛智示寂時他二十八歲，尊其師遺命，不空與其他弟子重返印度取經。開元二十九年（七四一年），不空等人由中國出發，經錫蘭入印度，留居五年。天寶五年（七四六年），不空等人攜《大日經》、《金剛頂經》之大本及其他諸部密教經典五百餘部，俱得指授口傳，再次來到中國。不空主譯的經論多達七十七部一百二十餘卷，可謂玄奘之後的一大翻譯家。玄宗李隆基奉不空為灌頂國師，代宗李豫皈依不空，封不空為肅國公，歷朝以來，僧伽中無人獲取像不空這樣高的階位。按照《不空三藏行狀》關於法師臨終的描述，在大曆九年（七七四年）六月十五日午時，已預感其示寂的不空「浴香水，換新服，端正容，命草辭表，北面瞻望，東首倚臥，住大印身，定中便去……行年七十，僧臘五十。」《行狀》進而描述了不空示寂後大興善寺出現的奇異現象，諸如「池水盡枯涸，林竹生實，庭花變色」云云。七月六日，舉荼毘（梵語特指僧人的火葬）禮，於滅燼中得舍利數百粒。八十粒進入內宮，頂骨中一粒，敕在興善起塔，謚曰「大辨正廣智不空三藏和尚」。但寺內並無不空三藏舍利塔，至今亦未發現有關此塔的其他記載。

憲宗元和四年（八〇九年），增建轉輪藏經樓閣。文宗太和二年（八二八年），建大士閣、天王閣，寺殿的崇廣在唐代的長安位居第一。三武——後魏武帝、北周武帝及唐武宗——滅法中以唐武宗會昌五年（八四五年）對佛寺的破壞最大，長安城中的佛寺大都摧毀，只有大小雁塔倖免於災。相傳截止唐末，興善寺內二閣猶存，後經五代兵亂，寺內建築殘毀殆盡。唐末詩人鄭谷〈題興善寺〉詩云：「寺在帝城陰，清虛勝二林。蘚浸隋畫暗，茶助越甌深。巢鶴和鐘唳，寺僧倚錫吟。煙莎後池水，前跡杳難尋。」從這首詩中的描述可看出興善寺當時的敗落蕭條景象。

宋淳熙年間（一〇六八－一〇七七年），崇辨禪師住寺，頗有聲望。明永樂初（一四〇三年），雲峰禪師居寺，大弘禪宗。天順四年（一四六〇年），有德滿禪師住持，亦弘禪宗，鐘鼓樓閣始備觀瞻。不久兵燹連年，法運中輟。清順治五年（一六四八年），僧人魁齋修建了住持室、大雄寶殿以及禪堂廊廡，並築圍牆四百餘丈。順治十三年（一六五六年），雲莪禪師為住持，大振宗風，號為中興。康熙二十四年（一六八五年），雲莪的弟子憨休步武其師，曾重修山門大佛殿。寺內曾藏有明萬曆年間所刊藏經及清雍正朝所刊新藏全部，不幸經過清同治間的兵燹，全寺殿閣僧房以及重要經典多被焚毀。至清末民初，偌大的寺院僅剩下鐘、鼓樓和前門。民國十三年（一九二四年），康有為遊寺，曾吟詩憑弔：「晉隋舊剎暢宗風，翻譯經文殿閣雄，惆悵千房今盡毀，斜陽讀偈證真空。」回憶當年勝業，令人不勝今昔之感！

寺自晉武創建，迄今已一千六百餘年。自隋改名大興善寺，迄今已一千四百餘年。隋唐盛時為國立譯場，在翻譯事業上貢獻良多，其中尤以不空所譯密典最為重要。

一九三九年，朱子橋曾捐資整修大殿，並為大殿添置幢幡供具，其中景泰藍香爐等一套器具係張翔初所捐。

佛教宗派

隋唐時代，興善寺原是譯經道場。自開元三大士來華，尤其是不空三藏在興善寺廣譯密宗要典及念誦儀軌等，且傳法灌頂，弘揚密教，故一般均以興善寺為密宗的祖庭。又因密宗流布中國，始於開元年間，故亦稱其為開元宗。儘管自宋直至明、清，住寺的雲莪、憨休諸法師相繼弘揚禪宗，但後世流派的演變仍難以取代該寺久已約定俗成的祖庭稱號。比如草堂寺自圭峰禪師後即弘禪宗，今仍以該寺為三論宗祖庭；慈恩寺至明清間弘曹洞宗，今仍以該寺為法相宗祖庭。

密教來華，雖相傳始自唐代，其實在西晉永嘉年間（三〇七－三一二年），西域高僧帛尸黎密多羅（譯言吉友）所譯《大灌頂經》十二卷，《大孔雀王神咒經》、《孔雀王雜神咒》各一卷，已肇其端。此三經皆密教經典，據《高僧傳》記載，帛尸黎密多羅還善持咒術，所向皆驗，時人因而稱他為高座法師。這位高座法師的行跡明顯有密教色彩。後來羅什、義淨也都在不空之前譯過《大孔雀王神咒經》。儘管如此，只是在開元以後，密典的翻譯和傳播才開始盛行，尤以不空在興善寺譯出更多密典和念誦儀軌，並授灌頂法而著稱。總的來說，密教在唐代的傳入首應歸功善無畏、金剛智二大士，但密教得以盛行，則全賴不空三藏的大力推廣。他把念咒作法的神通妙用帶入了現實生活，諸如賑災、愈病、祈雨、止風、制伏狂象、嚇退海蛟、修法護國、懾走敵兵，等等，一經他念咒作法，便靈驗生效。因而國王和大臣多求他灌頂，他成為唐代三朝的國師，士庶皈依，數以萬計，一時間不空的聲望達到震驚中外的地步。所以中國的密宗開山祖被額定為不空三藏。

國際關係

印度第三期佛教盛弘的密宗以龍智為主，金剛智和不空先後師事龍智，故中國的密宗是自印度一脈直傳下來的。不空重返印度的旅程首經錫蘭，在錫蘭被迎至王宮供養，曾受到國王隆重的禮遇，直至他留居印度，自始至終都贏得朝野共同的尊重。不空再次來華，圓寂在大興善寺，從而把他的國際聲譽和影響最終都聚光到這處中國密宗的祖庭。

日本密教，發端於日僧空海——即弘法大師——來華留學。他師事不空的弟子惠果，學成回國，於東寺弘傳的密教稱為「東密」，屬於不空派的密教。此外，另有日本的傳教大師最澄來華留學，他先學天臺宗於智者大師法派的道邃法師，後又學密宗於善無畏三藏的再傳弟子順曉法師，師為其授密宗灌頂。最澄回國所傳的密教稱臺密，屬於善無畏派的密教。日本的東密和臺密都與開元三大士的派系一脈相承。

一行阿闍黎俗姓張，唐魏州昌樂縣（今河北大名縣）人。他初學於善無畏，從善無畏譯《大日經》，集師口述作《大日經疏》二十卷，特別強調佛教世出世間的不二法門，可謂密教理論最初的組織者和實踐者。一行著述豐富，尤以他草擬的《大衍曆》和鑄造的星宿運轉觀測儀器而著稱，後世一致公認他為唐代天文學第一人。他因積勞成疾而圓寂於長安的罔極寺，唐玄宗賜諡他「大慧禪師」。一行也是天臺宗學者，是臺密的先行者。

自一行、不空之後，密教在中國並未得到廣泛的傳播，惠果之後，即漸趨衰微。由中國傳到日本的東密和臺密卻與之相反，不只在當時極為興盛，即使在今日也仍後繼有人。世稱西藏密教為藏密，稱日本密教為東密，稱興善寺所弘密教為中密或唐密。現在中國佛界學密的大都能修藏密或東密，而能修唐密者則寥寥無幾。

一九四五年，抗戰即將勝利之日，由太虛大師發起，在興善寺創設世界佛學苑巴利學院，並與錫蘭摩訶菩提會訂立合同，互換師資。由西安興善寺巴利學院籌資，太虛大師負責，曾選送青年學僧二人（光宗、丁參）到錫蘭留學，研習巴利文系佛學。同時聘請錫蘭素默、開明德、般若西河三師來華，約定到興善寺巴利學院教授巴利文。素默等三師到上海會見太虛大師後即由大師來電，興善寺巴利學院推巴利文教師善歸往上海歡迎。不料三師在上海安居度夏後，以西北寒冷為辭，竟又返回錫蘭。當時太虛大師曾專函向錫蘭摩訶菩提會提出質問，渺無回音（見太虛大師示寂後其學人所編年譜）。一九五二年，太平洋沿岸和東南亞各國和平大會在北京召開，曾見報載錫蘭代表傳言素默等三師來西安後因受冷遇而返迴錫蘭云云。作為此事件的見證者，我應再次鄭重聲明，這一傳言若非誤傳，就是錫蘭方面回避事實的託詞了。現在雖已事過境遷，僅就以上所述可見，至少在那時候，興善寺所辦的巴利學院與國際佛教界曾有過來往。這個學院由一九四五至一九四八年辦了四年，培養出第一批畢業學僧十六人。直到現在，還有學僧留學緬甸，在繼續深造。後因財力和人力兩缺，巴利學院維持到一九四九年春關門停辦。曾由錫蘭佛學院教授法舫法師（太虛大師的學人）代購的全部巴利文佛經，先由素默帶至上海，再由善歸運回陝西，現存興善寺內。在陝西諸佛寺中，只有大興善寺與佛教三大文系的巴利文系曾結過這一段短暫的因緣。

現狀

一九四九年後，地方政府對於佛教名勝古剎多有整修，大興善寺已在一九五六年大加整修，全寺現今煥然一新。茲將寺內現狀約述如下：

一、**寺址：**寺內面積共一百二十畝，周圍垣牆共四百餘丈，圍牆之外有公路、車道或人行道，交通甚便。北牆內有竹林，西南牆內有一大片菜園，舊有水車井。在西安附近佛寺中，至今仍是規模最大的一座。

二、**殿宇：**寺門南向，寺內正中院殿宇僧房六十八間。竹林南有法堂七間（內東西兩間做方丈室）。法堂南有一小院落，東西僧房各三間。再南則一大院落，東西僧房各八間。再南中間有禪堂五間。再東，東西殿宇各五間。再南，中有大殿五間，殿南有鐘、鼓樓各一間，東西相對。最南金剛殿三間，山門樓三間。法堂西灶房二間，東側馬房三間，廁所五間。小東院內農業社應用房共十間。大殿與禪堂之間的大院是唐代轉輪藏經殿遺址。

西院房屋二十六間，原作僧人療病院，為程項雲籌款經修建。現由寺農業社應用，更有政府新建禮堂一座。

東院房屋五十二間，原係育幼院，由朱子橋經手創建，現由市工商界學習班應用。寺內連東西院所有殿宇、僧寮及應用房屋共計一百六十四間。

三、**經象**：寺內法堂中，由原禪堂移入安置的古銅佛像一尊，已裝金，置入鑲有玻璃的磚龕，倍覺莊嚴。禪堂中另移來明雕檀香千手千眼菩薩一尊，已裝飾整潔，益顯相好莊嚴。東西壁間掛巨幅阿彌陀佛像、極樂世界圖及彌勒像均屬藏像，據說為廣仁寺所送。大殿三佛像及後邊韋陀像亦均整潔。金剛殿新移來的彌勒像已裝金做玻璃龕，各金剛像均裝飾如新。

在中院東屋各室陳列二十一度母像的裝鏡框，均為廣仁寺所贈的藏像，相傳清康熙時由西藏送來。原像大都破損，經專家補裱，現已五色斑斕，異常莊嚴。中院西屋各室陳列有：清康熙時重修碑文。清乾隆五十年重修轉輪藏經殿碑。明天順時刻隋開皇十七年費長房作碑文，其碑陰刻十二開士及達摩、彌勒坐像。〈唐大興善寺大辨正廣智三藏國師之碑〉。不空譯咒文殘碑。如意輪觀自在菩薩根本陀羅尼碑等拓本。有放大不空三藏像（道影錄）一軸。唐代宗給不空封爵賜謚詔文一軸，中間懸列開元三大士傳，均裝大鏡框，以上各像都是在這次政府整修過程中添置或裝飾的。

寺內在一九四五年辦巴利學院時，有影印日本《續藏》全部，現已殘缺。又有當時法舫法師由錫蘭代買寄存寺內的巴利文經一部，聞亦有缺本。

四、碑碣：寺內原有六碑。現存四碑，即清康熙二年碑，康熙四十年碑，乾隆五十年碑，咸豐元年碑。這些碑文內分別敘述該寺沿革，涉及譯經、重修及密宗道場變為禪林的詳情。有康有為所書「應無所住」石刻及七絕一首兩碑。康熙二年刻〈重修隋唐敕建大興善禪寺來源碑記〉，碑文云：「召天下僧尼二十萬居之，以笈多為上首。」查笈多乃隋開皇時來寺，其時佛教新遭周武摧殘的劫運，為時不久，不可能有如許多的僧尼。相傳隋代所度僧尼有二十三萬六千二百（見《唐代僧侶及其活動》一書），此數字絕非一時或一地的數目。隋後經盛唐開元，即使僧數增多，據《唐六典》卷四所載，僧尼數字也只有二十六萬五百。由此推想，一個寺院內不可能有二十萬之多的僧尼，易庵和尚碑文所言顯然過分誇大。

寺山門外東南，距寺不遠有一座六丈高的七層塔，塔墩四角，每角一丈五尺，塔身六面，每面六尺五寸，現被圈入一機關院牆之內。

五、僧眾組織：寺內有僧八人，仍依佛教傳統習慣，有住持、知客、當家等職名。現因久無住持，已由臥龍寺方丈朗照法師暫時兼理住持，於二月十五日入寺，慧雨任監院。

六、生活情況：興善與臥龍、慈恩、莊嚴四寺，合組農業社，四寺地畝全入社，共有僧人社員五十一人。一年以來，各寺僧眾生活已普遍改善，還有老年僧十一人，都受到了五保照顧。

七、重修紀要：自去年重修，所有殿宇完全油飾彩畫，金碧輝煌，在西安各寺中殊勝莊嚴，可稱稀有。山門改修宮殿式，尤覺壯麗美觀。殿內添置了拜墊、供桌，院內廣置花木。大殿內外，持松法師所書的橫匾及楹聯均已用灑金裝飾。

綜上所述，再附一偈以作總結：

隋唐古剎譯經場，大小顯密俱弘揚。
應學開元三大士，廣儲龍象普佛光。

大興善寺今址：中國陝西省西安市雁塔區小寨商業街興善寺西街55號

開元寺（1949年前）

附　開元寺

位置

開元寺位於西安市碑林區東大街明代建築物鐘樓以東路南的解放市場內。據《陝西通誌》所記：「開元寺在咸寧縣治西。……據碑文，寺已毀於唐末。天佑甲子，許國韓公先已重建，至是乃增建四廊，壁畫高僧四百五十尊，即所謂行廊功德也。」按宋開寶二年（九六九年）劉存義所撰〈重修開元寺行廊功德碑〉所敘修寺的史實，可知韓建後來重建的開元寺位於縮築的「新城」內，即《類編長安誌》所描述的位置：「在府草場街北，景風街南。」從〈功德碑〉碑文「閱今存之院額，皆昔廢之寺名」更可以看出，此異地重建的新寺僅移用了原有的寺名而已。

沿革

長安城中原有的開元寺本名光明寺，始建於隋開皇四年（五八四年）。唐天授元年（六九〇年），改名為大雲寺，寺在西市南邊的懷遠坊東南隅，與西明寺隔街相望。唐開元二十六年（七三八年）改名為開元寺。唐玄宗在開元寺接受了勝光法師「佛恩實大」的教導，發誓為佛弟子，遂發令「天下州府各置開元寺一所。」因而在開元年間，以「開元」名寺者遍及各地，直至今日，從南方到北方，仍有成十個名叫「開元寺」的佛寺存在。後來唐武宗崇信道教，深惡佛教，在道士趙歸真的鼓動和李德裕的支持下，發令在全國範圍內取締佛寺，驅逐僧尼，開元寺隨之在會昌五年的（八四五年）滅佛事件中被完全摧毀。直至唐天佑元年（九〇四年），才由韓建重建開元寺於長安新城內。這個新城的西城垣和南城垣沿用了原皇城的西城垣和南城垣，把原先外郭城內的大部分里坊都甩到了城外。此新建的開元寺，在宋建隆四年（九六三年），中書令琅琊王秀超及僧嗣麟曾經重修，明嘉靖四十二年（一五六三年）又重修，所修的藏經閣為至今唯一尚存的古建築物。

清康熙三十年（一一六九年），西安駐防鑲白旗防禦佟阿利等重修。歷代以來，多次修築，該寺的原貌至今已莫可名狀。這個寺與臥龍寺有同樣的變遷，均係舊址失落後異地重建。

寺內所藏經卷，多係宋版，原有《大藏經》三千餘卷，現已移存陝西省圖書館收藏保管。另有唐代梵二體陀羅經幢，元代華嚴世界海圖等碑，均移入陝西省博物館陳列。原有貼金大悲觀音像相好莊嚴，於清康熙四十四年（一七〇五年）移往城內西北隅廣仁寺大殿供奉。以故開元寺僧每年正月初八日總會前往廣仁寺虔拜觀音。此外尚有「開元寺」三字木匾，現仍高懸藏經閣門楣上。目下藏經閣三楹無經，閣中供五菩薩像，中間一像移去廣仁寺，現供一大悲觀音牌位。東端一像最莊嚴，係藏像，與廣仁寺諸像相同。

民國以來，開元寺範圍日漸縮小。民國三年（一九一四年）後，陸建章、呂調元在陝倡辦公娼，將開元寺周圍闢為娼寮，大面積侵佔寺院僧舍。馮玉祥一度驅逐娼妓，劉鎮華時改為長樂商場，宋哲元又改為古物市場。

開元寺在佛教史上的價值

一、**與印度的關係：**釋迦牟尼佛滅度後，約一千多年，印度有龍樹菩薩的弟子龍智上師，盛弘密咒，主要教義是身、口、意三密相應，便可即身成佛。開元三大士都是傳密教的上師，故密宗亦稱開元宗，與三大士住錫過的大興善寺和青龍寺同列，開元寺也算是密宗道場。

二、**與西藏的關係：**因佛教的交流，西藏自唐朝即與中國有密切的交往。及至清朝，西藏達賴、班禪兩活佛每向北京朝貢時，路經西安，必到開元寺禮佛，故開元寺佛殿內供有藏像。

現狀

一九四九年之後，新政權嚴令取締妓院，市政當局把開元寺樂戶所有妓女三百餘名全部集中，送往城南薦福寺內學習黨的政策，加強思想改造。經教育後或分配工作，或商明擇配。從此在西安市內廢除了賣淫嫖娼的千年陋習。對於清除妓院後的開元寺，西安市政府起先是準備保存的。當時寺內尚留有二僧，不久一人還俗，一人在做小販謀生。殘餘的開元寺已談不上有什麼廟宇，唯有藏經樓巋然孤立在新建的解放市場內。那座三楹三層的古建築早已破爛不堪，一副快要倒塌的形狀，僅「開元寺」那三個金字匾仍懸掛樓下，標誌著該寺的存在。市政府擬修繕藏經樓，但需款頗多，故暫未動工。又聞市文管會及宗教處另有主張，建議若無條件重修，還不如拆除此危房，在該處建一碑亭，留作紀念。

第五章

青龍寺

石佛寺（1910年）

位置

西安東關南郭門外三里許，祭台村東北附近，以前的石佛寺，一般認為即是唐代的青龍寺，西南距大雁塔五里許，西距大興善寺約五里。據嘉慶《咸寧縣誌》云：「石佛寺即青龍寺，在祭台村。」考唐時青龍寺在當日城內新昌坊，即當時延興門內北邊。《長安誌》載：「寺在唐時京城延興門新昌坊南門之東」，與延興門當有一些距離。當時青龍寺的西南相隔宣平坊、昌平坊、修行坊三處約五里許（以唐代城周六十七里計，每坊占地東西約不足二里，南北約一里許），即大雁塔慈恩寺所在的進昌坊。又新昌坊直北隔靖恭、常樂、道政三坊，即興慶宮、龍池所在處。今日正在建設的興慶公園地處東關南郭門外，即當日興慶宮附近地區。唐武宗會昌五年（八四五年）滅法，青龍寺遭到摧毀，武宗之後，在原寺西邊重建一規模很小的佛寺，因寺內供奉原有的石佛像，故鄉人稱其為石佛寺。青龍寺在唐代也是接待國際來賓的大寺，住僧常以千計，佔地應會很大。後來的石佛寺即使不在原址內，相距當亦不遠。對比同遭摧毀的開元、臥龍兩寺，青龍寺也屬於原址湮沒後異地重建的佛寺了。

一九二四年，日僧和田辯瑞來西安謁青龍寺，曾出示唐代梵刹圖考印片，內注明青龍寺在祭臺村東。這村當是唐時村名，可作方位標誌，相傳石佛寺是青龍寺當日的一部分或下院的說法亦可理解。

沿革

隋文帝開皇三年（公元五八二年）移都長安時，城中的陵園塚墓多在發掘後移葬郊野。為資亡靈冥福，特立一寺院，初名靈感寺。該寺在唐武德四年（六二一年）曾一度廢毀。至龍朔二年（六六二年），城陽公主有疾沉篤，因姑蘇僧法朗為她誦《觀音經》，公主疾愈，遂改寺額曰「觀音寺」，並延請法朗駐錫。至景雲二年（七一一年），又恢復青龍寺原名。《長安縣誌》卷九描述青龍寺曰：「北枕高原，南望爽塏，為登眺之美。」並引用數句唐人吟詠此寺的詩文，以勾繪青龍寺當日的環境和情景。如王維〈青龍寺曇壁上人兄院集〉詩序云：「高原陸地，下映芙蓉之地，竹林果園，中秀菩提之樹」；朱慶餘〈題青龍寺〉云：「寺好因崗勢，登臨值夕陽。……最憐東面靜，為近楚城牆。」當年住在新昌坊的白居易一出門即可看到青龍寺，他的〈青龍寺早夏〉云：「塵埃經小雨，地高倚長坡。日西寺門外，景氣含清和。」從以上所引詩文可想見青龍寺當時所處的地勢及其周圍的景觀。至唐武宗會昌五年滅佛，佛寺一概遭毀，長安右街僅留西明、莊嚴二寺，左街僅留慈恩、薦福二寺。此時青龍寺雖經摧毀，尚有遺構殘存，故在會昌六年（八四六年）改名為護國寺。宣宗大中九年（八五二年）七月，長安左右兩街添置寺院八所，青龍寺又得以恢復本名。寺中有石佛數尊，故亦稱石佛寺。隨著朝代更替和政令的變化，青龍寺的寺名前後共變更了五次。

大曆初年（七六六年），大興善寺不空三藏的弟子惠果阿闍黎駐錫青龍寺大弘密教。惠果俗姓馬氏，玄宗天寶五年（七四六年）生於唐京兆萬年縣（今西安市東部及東南一帶），九歲出家，即隨不空三藏的弟子曇貞學習。曾與曇貞同見不空，不空見而驚曰：「我之法教，汝其興之也。」曇貞由此愛撫惠果，口授他《大佛頂》、《大隨求》聖咒梵本（即《大佛頂首楞嚴經》中之《楞嚴咒》與《大隨求陀羅尼經》中之陀羅尼咒文），以及《普賢行願品》、《文殊贊偈》等，又令兼修禪律。惠果年十九入學法灌頂壇，投華結緣時，得轉法輪菩薩。不空昔亦得此尊，因勉以紹繼己位。大曆元年（七六六年），年滿二十的惠果在青龍寺大殿按剃，到慈恩寺道場受具戒，更從不空學《金剛頂》五部、大曼荼羅法及大悲胎藏三密法門，即授以兩部大阿闍黎位。次年更從善無畏弟子玄超受大毘盧遮那大教主及蘇悉地教，故惠果所學實兼善無畏和不空兩位三藏法師之長。不空三藏弟子中有七人僅得金剛界一部，只有惠果一人兼得金、胎兩部師位，且精洽三藏所譯經典譯語的異同及兩部六法的精髓。在學成後三十八年間，惠果大弘密教，為朝野欽仰。德宗建中年間（七八〇－七八三年），新羅國僧慧日來青龍寺留學，將本國信物奉請惠果上師，求授金、胎兩部密法，學成回國廣弘密法。貞元二十年七月（八〇四年），日僧空海奉日廷敕命及本國信物等渡海來華，十二月達長安，次年六月虔謁青龍寺惠果大師，求授大悲胎藏、金剛界，並諸尊瑜珈教法五十本，傳說空海「登時見境界梵阿字日月輪，現入口中。」空海回國後建立東密本山於高野山，日人稱空海為弘法大師，即日本密宗的開山祖。惠果上承印密，傳諸東邦，朝廷每有請求，他修法無不立驗，以故被稱為三朝供奉大德。順宗永貞元年（八〇五年）十二月十五日，惠果示寂於青龍寺東塔院。春秋六十，法臘四十。在中國密教承傳史上，興善寺不空之後，青龍寺惠果可稱第一。

北宋以降，儘管密教已衰，國教轉移，但是青龍寺的密教仍持續其一息餘喘，與日本密教保持來往。如日僧成尋來華時，就曾借助青龍寺經藏來勘正真言經軌的訛謬。又如日僧奝然來華，東大寺特為他出具了致青龍寺的牒文。觀以上二事可以證明，日本佛教文化發展與唐代青龍寺關係密切，所以日人飲水思源，於易代以後，猶憶念不忘。及至明萬曆以前，青龍寺廟宇全毀，中國密教亦告中斷。清朝光緒末，日人足立喜六遍訪長安古蹟遺址，曾親臨樂遊原考察，在其所著《長安史蹟考》中敘述，青龍寺的「寺址在龍首原一支脈之樂遊原南崖之祭臺村……惟與興善寺同罹會昌之厄，俱歸荒廢，是以現在僅見極小之殿堂二、三棟，四周俱為田圃，不見遺物。惟寺北側，有一高及五六丈之高臺，……附近散置之唐瓦頗夥，堆積於地者可數尺。由此可知唐時壯觀與會昌破佛之殘酷焉。」足立喜六所敘與《長安誌》所說的「北枕高原」不無相近。一九二四年及一九二五年，日僧和田辨瑞及加地哲定先後來西安瞻禮石佛寺，均在寺內殿壁題詞，認為石佛寺即唐代青龍寺舊址。

正果按：說「石佛寺即青龍寺」，應為《咸寧縣誌》的誤導。據中國社科院考古研究所西安工作隊在一九六三年和一九七三年對青龍寺遺址所作的兩次發掘勘察，現已確定：青龍寺原址占唐長安城新昌坊的四分之一，在坊內十字街東南部，即鐵爐廟村北的樂游原上，位於今日西安交通大學校園之南，距祭臺村附近的石佛寺尚有乘公車約五站路程的距離。至於祭台村北石佛寺的來歷，據一網文（http://blog.sina.com.cn/s/blog_4bbe908d0102w4b4.html）所述，該寺原名光佛寺，後毀於戰火，元代在原址上重建，因掘地得出土石佛像，石佛背刻「西魏大統甲子（五四五年）造像記」，遂名為石佛寺。附記於此，聊備一說。

一九三〇年，朱子橋來陝放賑，遊石佛寺，見日僧題詞，大受感動。他本人也是學修東密的佛教居士，自然特別關切青龍寺的現狀。於是他商同地方官員、佛教界以及祭臺村負責人，重修寺內大殿，添修了東邊僧房，並且自書「唐青龍寺」匾額懸於寺門，同時請僧人真元主持寺務。又資助寺僧贖地十八畝，代買耕牛，添置器具，即作為大興善寺的下院。當時寺門設有「祭臺村小學」的校牌，其內卻並無設備，也沒有學生。於是又在祭臺村西南一小廟前添修房屋，並代置桌凳，代請教師，招生上課，每月由華北慈聯會代供教師薪金。但以後情形，不無變化，一九三一年太虛法師來陝講經，曾賦〈辛未陝西雜詠〉八首，內有「可憐宗密策源地，一角青龍夕照殷。」凡見聞者，均有同感。一九四九年以前，尚有僧二人，看守香火。

佛教宗派

青龍寺惠果阿闍黎親學於金剛智弟子不空，又學於善無畏的弟子玄超，故開元三大士所傳密法，惠果一人全盤承傳，這是唐代密宗發展的主流。

開元三大士的密教承傳系統大致如下：金剛智傳二人，即一行和不空。不空傳十二人，重要附屬六人，惠果即其中最重要的一人。善無畏傳七人，玄超即重要的一人。玄超傳一人即惠果。惠果傳十九人，新羅慧日和日本空海即其中重要的兩人。惠果門下又有圓珍，即日本臺密寺門派的智證大師。故知青龍寺惠果為唐代弘傳密教的中心人物。

國際關係

青龍寺惠果法師上承印度善無畏、金剛智、不空三大士的傳授，繼而流布密教於朝鮮日本，青龍寺因而為各方密教信徒所景仰。日僧空海回國後，既創建東密，又在唐留學的日僧吉備真備創制片假名之後，進而依傍漢字，兼用梵音，創制了日本平假名，故青龍寺又與日文書寫的創立有一定的關係。因此日本人對青龍寺特別尊重，念念不忘。如清末日人足立喜六所著《長安史蹟考》內言：「青龍寺為日本弘法大師最初入唐請益僧侶留錫之處，乃日本佛教史上不能或忘之名剎也」。在三十餘年前，日僧和田辯瑞謁石佛寺題詞云：「當今石佛寺者唐之青龍寺也。貞元二十一年六月日僧空海上人即弘法大師仰當寺惠果大和尚，受學密教，千二百年後末資辯詣當寺，無極感恐湮滅，茲書。大正十三年仰八月十八日，真言宗末資和田辯瑞志」。又有日僧加地哲定題詞云：「大正十四年六月十一日，余詣此處，該寺是青龍寺之故址，密教根本道場也。嗟法燈既滅，和尚逝久，感慨無量。所願法燈再燃，佛日增輝。密乘沙門加地哲定識。」一九三六年日僧結城令聞來陝，曾禮青龍寺，且拍照片。回國後，編印《長安佛教巡訪記》寄陝。日本佛教界曾表示自願助資擴修青龍寺廟宇。現據最近一九五五年日本宗教年鑒記載，日本密宗，即真言宗，有四十七個宗派，有寺院一萬兩千一百四十八所，信徒有六百八十四萬五千零九十八人，有大學兩所，學院六個。這都是弘法大師的餘光，也是惠果法師的餘光。

現狀

一九四九年之後，石佛寺內尚住僧二人。後來由祭臺村在寺內辦小學，原有殿宇共十四間，均無佛像，全部為學校所用。只留存一八楞青石經幢，上刻佛頂陀羅尼，出土約三尺高，餘均埋土內。近年西安佛教緇素多次建議當局，請求修復青龍寺，以重國際關係。據聞已引起當局關注，不久的將來或有恢復的可能。又查中國佛教協會主編的《現代佛學》，今年三月出版的第三期內，有唐代青龍寺專論。其主編的《中國佛教畫集》，內有陝西四個佛寺，祭臺村青龍寺（石佛寺）便是其中的一個，可知這寺的重要性了。

據查，大殿壁間日僧題詞，現尚保存。

綜上所述，再附一偈以作總結：

唐代青龍古道場，弘傳密教到扶桑。
會昌劫滅今已冷，法燈續燃照十方。

中國陝西省西安市雁塔區（城東南鐵爐廟村北高地上）

第六章

大薦福寺－小雁塔

小雁塔（1936年）

位置

大薦福寺在西安城南門外偏西，距城約三里。南距大興善寺約二里，東南距大雁塔慈恩寺約五里。原址在唐京城內開化坊，後來移並於原塔院所在的安仁坊。寺基佔地約一百五十畝，也是唐時長安大寺之一。

沿革

寺址原為隋煬帝楊廣在藩時的舊宅，後又為襄城公主宅。唐睿宗文明元年（公元六八四年）始建寺，初名大獻福寺，至武后天授元年（六九〇年）改名大薦福寺。在寺東有放生池，相傳即漢代的鴻澤陂。中宗景龍年間（七〇七－七〇九年），由後宮嬪妃施錢建塔，即今日的小雁塔。此塔原有十五級，高三百餘尺，後遭地震，毀損兩級，現存十三級。神龍二年（七〇六年），在薦福寺設國立譯場，由義淨三藏主持，廣譯佛典。

義淨字文明，俗姓張氏。唐代范陽人（今河北省大興、宛平地區），生於太宗貞觀八年（六三四年），即玄奘往印度後五年。義淨幼時即辭親落髮，遍訪高人，嫻習群書，博通古今。年十五便立志發願，欲遊印度。他仰慕法顯的雅操和玄奘的高風，精勤自勵，手不釋卷，年二十受具戒，志益堅貞。直到高宗咸亨二年（六七一年），年已三十七的義淨才得以如願啟行，前往印度。他先至廣東番禺，得同志數十人，不料在即將起航之日，同行者全部退場。獨有義淨一人奮勇孤行，驚濤駭浪中歷盡了艱險。他經過很多地區，通曉多種語言，進入印度後，瞻禮了鷲峰、鹿苑、祇園等佛教聖地。在長達二十五年的旅程中，他行經三十餘國，留學印度佛教學府那爛陀寺十年左右。義淨留學印度時，正當密咒盛行，那爛陀寺已有密乘，受此影響，義淨也帶回不少梵文密典。天后證聖元年（六九五年）仲夏，義淨回國。他先至東都洛陽，帶回了梵本經律論近四百部，合五十萬頌，另有金剛座真容一鋪，舍利三百粒。武則天於洛陽上東門外親迎義淨，安置他在佛授記寺譯經。他起初配合實義難陀（譯言喜學）翻譯八十卷《華嚴經》。久視（七百年）以後，開始獨自翻譯。自久視至景雲辛亥（七一一年），義淨先在福先寺及西明寺譯出《金光明最勝王經》等，又在洛陽內道坊及大福先寺譯出《孔雀王經》等，最後再回長安，在大薦福寺譯出《浴像功德經》、《根本說一切有部毗奈耶雜事》、《稱讚如來功德神咒》等經典，共五十六部，二百三十卷，並撰寫《大唐求法高僧傳》以及《南海寄歸內法傳》和《護命放生儀軌》等專著。義淨所編寫翻譯的三藏中特偏重律部，在譯經餘暇，他還教授學徒，凡所行事，皆準律義，學侶傳行，遍及長安和洛陽。義淨於先天二年（七一三年）

示寂，壽七十九，法臘五十九，塔葬於洛陽東龍門北高崗。義淨所傳譯的經律足與奘師抗衡，特別是所傳的密咒曲盡其妙。在佛典翻譯史上，他可稱玄奘之後的第一大德。

宋政和元年（一一一六年），重修薦福寺殿宇，歷宋元明三朝，迭經修整。明天順二年（一四五八年）重賜寺額，且撰有碑記。明嘉靖三十四年乙卯（一五五五年）地震，塔身上部中裂為垂直線，癸亥（一五六三年）又地震，裂縫復又稍合，但至今仍破裂如舊。相對於慈恩寺的大雁塔，薦福寺塔稱小雁塔。寺內有鐵質大鐘兩口，其一是金明昌三年（一一九二年）所鑄，原在武功縣崇教寺中，後來移入薦福寺。此鐘口徑約近一丈，重約二萬斤，每朝夕杵擊，聲聞數十里，故名列關中八景之一的「雁塔晨鐘」。此鐘現已破裂，以鐵絲纏繞，露置地上。另一鐘是明宣德二年（一四二七年）所造，重五千斤。

民國十二年（一九二三年），曾由陝西佛教會在寺籌設普通僧學校，公推宏純法師主持，惜講堂桌凳已備妥，終未能開課。當時由各位居士為寺僧學校捐資，請購《頻伽正藏》及影印日本《續藏》各一全部。至一九四五年，兩部藏經都借給大興善寺巴利學院備用，現在《續藏》仍存興善寺，《正藏》則在廣惠寺，據聞兩處藏經均已殘缺。一九二九年，寺內曾設苦兒院，主辦人係外教，竟將大殿神像摧毀。一九四九年以前，寺長期淪為軍營，佛像毀滅殆盡。

佛教宗派

薦福寺是唐時的國立譯經道場，當時所譯出的經論統攝各宗。僅就義淨所譯的佛典而論，既有他與實義難陀三藏同譯的八十卷《華嚴經》，也有他曾主譯的《成唯識寶生論》和《觀所緣緣論釋》，分別涉及華嚴宗和法相宗。此外，他所譯的《毗奈耶雜事》、《二眾戒經》等，更與律宗有關係。至於他所譯的《金光明最勝王》、《一字咒王》、《莊嚴王陀羅尼》等，則是在不空三藏之前便譯出的密宗要典，當然與密宗有關。其次，華嚴宗三祖賢首國師曾在薦福寺弘揚《華嚴》，最終示寂於薦福寺。開元三大士金剛智是不空三藏的師承，曾在薦福寺弘密。可見薦福寺與華嚴宗和密宗均有關係。總之，薦福寺既是譯場，又兼弘各宗，因而與慈恩寺、興善寺和淨業寺等祖庭均享有同等重要的地位。

民國辛未（一九三一年），太虛大師在陝西講經弘法，曾有《辛未陝西雜詠》八首，其一云：「大雁塔連小雁塔，大興善寺在其間，可憐東密策源地，一角青龍夕照殷。」一觀此可知薦福寺的重要性。此外，義淨三藏所譯《根本說一切有部毗奈耶雜事》乃印度初期佛教經典，即佛滅後第一個五百年內的佛教。一般稱小乘佛教。其所譯《能斷金剛般若》及《彌勒成佛》等，應是印度二期佛教，即佛滅第二個五百年內的佛教，一般稱空宗及有宗的一部。至其所譯密教各典及儀軌，當是印度三期佛教，即佛滅後第三個五百年內的佛教，為密咒流行的佛教一部分。故知義淨及其駐錫的薦福寺與印度的三期佛教俱有關涉。

國際關係

中國高僧留學印度，回國廣譯佛典，貢獻最偉大的，當推法顯、玄奘、義淨三位大德。法顯遊印，往返十五年，回國後譯經外，著有《佛國記》。玄奘遊印往返十七年，著有《大唐西域記》。義淨遊印往返二十五年，著有《南海寄歸內法傳》，三書均有英、法、德等多種文字譯本，被視為研究印度的珍貴史料。

中國的佛典翻譯經歷三個時期。由東漢至西晉為第一期，屬外人主譯期。由一二番僧主持，隨約信士相對私譯，大都翻譯小部短品，不成系統。且翻譯文的文體亦未確立，在啟蒙時期，自所難免。此期譯師，當以安世高（安息人）、支婁迦讖（月支人）等為代表，如安譯阿含部內各短經，支譯《華嚴經》內小品，就是顯著的例子。

由東晉經南北朝至隋，為第二期。即中外人合譯期，在此期間，由外來高僧或中國大德分別主持，譯經已有組織，如道安法師在長安所主譯場，且已有國立譯場。如姚秦立譯場於草堂寺。此期所譯已多大部經論，此期譯界大德當以鳩摩羅什、佛陀跋陀羅（譯言覺賢）等為代表，如羅什所譯「三論」《大智度論》等就有百卷，覺賢所譯《華嚴經》有六十卷（即所謂晉譯「六十華嚴」）。

由隋至唐末為第三期，即中國人主譯期。此期全由國人主持，且譯主皆為碩學之士，他們發宏誓願，留學印度，造詣高深，兼善華梵文，翻譯文體已經確立，譯學的進化已臻成熟。此期所譯大小顯密，各種經論，最為豐富。此期譯界大德當以玄奘、義淨等為代表，玄奘所譯經論中如《瑜伽師地論》百卷、《大毗婆沙論》二百卷、《大般若經》六百卷。義淨所譯《根本說一切有部毗奈耶》五十卷、《根本說一切有部毗奈耶雜事》四十卷，《根本薩婆多部律》二十卷，僅律學方面已百餘卷。

唐時國立譯場，如薦福寺和慈恩寺所設譯場內，都具有明確的分工和有機的組織，譯主、筆受、度語、證梵、潤文、證義、總勘，這七個分工各司其職，每譯一經，從梵文到華文的過程要經過七道手續。比如義淨三藏在薦福寺譯《浴像功德經》時任譯主之職，據《宋高僧傳・義淨傳》所述：「吐火羅沙門達摩末摩、中印度沙門拔弩證義。罽賓沙門達摩難陀證梵文。居士東印度首領伊舍羅證梵本。沙門慧積、居士中印度李釋迦度頗多譯梵本。沙門文綱、慧詔、利貞、勝莊、愛同、思恒證義，玄傘、智積筆受，居士東印度瞿曇金剛、迦濕彌羅國王子阿順證譯。修文館大學士李嶠、兵部尚書韋嗣立、中書侍郎趙彥昭、吏部侍郎盧藏用、兵部侍郎張說、中書令李義二十餘人，次文潤色。左僕射韋巨源、右僕射蘇瓌監護，秘書大監嗣虢王邕同監護。」當年在薦福寺國立譯場，義淨三藏每譯一經一論，都經過如此嚴密慎重的程序，組織如此龐大的陣營，在名臣高官的監護下，甚至有皇帝親臨參與，來完成此盛大的譯經事務。

義淨三藏曾有詩反復申訴取經的艱難，從以上引文可以看出，把取回的佛經譯成通順的華文亦殊非易事。他在詩中語重心長地告誡：「後賢如未諳斯旨，往往將經容易看。」

現狀

一九四九年以前，薦福寺長年駐紮軍隊，殿宇僧舍悉為軍用，佛像摧毀殆盡，僅留寺大門內西邊農房數間，住僧數人。一九四九年後，聞寺內僧人已遷居城內廣惠寺，寺內所有殿宇房舍及近來政府新建房屋共約五百餘間，分別為黨校、西藏公學院、雁塔區人民法院、監察院、公安派出所、農業技術推廣站、電影放映隊等機關學校佔用。一九五七年，黨校始劃出一院房舍，交給西安市文物管理委員會，供該會遷入辦公之用，文管會已接管原寺內殿宇等房屋，並已開始整修。聞當局還準備補修小雁塔，且有恢復薦福寺的消息。

寺內現狀可簡述如下：

一、**寺址約占地一百五十畝，呈南北走向的長方形，周圍有整齊的圍牆。**向南的正門大都關閉，東北角另開一便門，以供日常出入。

二、**殿宇：**寺大門內有一長方形小院，內有小殿四間，佛樓三間。院左右有鐘、鼓樓各一。向北左右又有小鐘、鼓樓各一，樓後各有殿三間。再北為一長方形大院落，南有大殿五間，東西有寮房各七間；北有大殿五間。殿後院中為小雁塔，塔北有白衣閣三間，閣底下為一洞門，即為此院的北門。總計寺內現有殿宇共三十九間。

三、**小雁塔：**為西安名勝之一。四方形，每面各三間，南北二面通洞門，門楣上刻有天人供養圖像，紋極纖細，形象生動。嘉慶時，有人在圖像上刻草書詩文，大損雅觀。塔原有十五級，高三百尺，後經大地震，毀上部二級，現存十三級，南北兩面，各有垂直裂縫。塔內完好，一、二、三級置木梯可登。三級以上各級，是磚砌螺旋形梯，可上塔頂。塔底層中心有一方丈巨型粗石，四面都刻佛像。佛像頭手均殘缺，無文字，不知是何時雕刻，放在一個二尺高的磚臺上，算是寺內唯一的佛像。

四、**碑碣共有十座：**宋政和二年重修塔記碑。大明修建地藏殿碑。大明二年敕賜薦福禪院重建碑。康熙初年曹洞正傳源流牆碑。康熙二十三年重修碑。康熙二十九年補修薦福寺寶塔碑。康熙三十一年重修碑（碑陰刻薦福寺全圖）。雍正十二年薦福寺來源碑（下刻薦福兩廊宗派圖）。嘉慶二年重修碑。嘉慶十六年重修碑（碑陰布袋僧臥像）。

五、**鐘：**有二口。大鐘（即關中八景之一的「雁塔晨鐘」），大金國明昌三年造，共有六個方塊，重約二萬餘斤，原由武功崇敬禪院移來。小鐘，明宣德二年造，重五千斤。

六、古物：有唐槐七株，直徑大約都在一尺以上，高約三、四丈不等，形狀奇古。

七、葬塔：歷代大德塔院有二處：

一處塔院在寺東南，馬路東邊，院為方形，約二畝餘，周有圍牆，但有部分圍牆已倒。院內有臨濟宗和尚葬塔十三座，都是磚造，大都為六角形，塔上鑲一長方形小石碑，計有：臨濟宗三十三世大莪蜀和尚塔，康熙五十四年建立。藏密玉、喬松靈二禪師塔，雍正一年建立。江廣禪師和尚塔，雍正八年建立。臨濟宗三十四世永秀和尚塔，乾隆八年建立。臨濟宗三十六世法藏學公和尚塔，乾隆四十八年建立。臨濟宗三十六世古愚和尚塔，嘉慶十年建立。臨濟宗三十七世顯珠潮和尚塔，道光一年建立。臨濟宗三十七世志明輝和尚塔，道光三年建立。臨濟宗三十七世道公和尚塔，道光十一年建立。臨濟宗三十八世道煜福公和尚塔，道光十二年建立。臨濟宗三十八世亮能和尚塔，道光十七年建立。臨濟宗三十九世曉然智公和尚塔，咸豐七年建立。臨濟宗三十八世印公和尚塔，咸豐十一年建立。

另一處塔院在寺外，地處大興善寺東圍牆外附近，塔院是方形，佔地約三畝餘，內有石建多角多層藏式葬塔十九座。有的高約丈餘，也有不足一丈的，式樣美觀，僅有二塔上刻字。一個是裕公延壽塔，一個是偈照塔，建塔時間，由於字跡不顯，已難以辨認。其餘各塔上所鑲小石碑，都被人拆去，是什麼宗派，什麼人的塔，都無從考查。另外還有一個藏式石塔倒塌，經查看，在第二層六角石上有刻文，為休乾和尚衣髮塔，並有塔銘，乾隆二十八年建立。

綜上所述，再附一偈，以資結束。

唐代譯經古道場，義淨三藏有餘光。
寶塔雖裂今猶在，何時鐘聲再悠揚。

大薦福寺今址：中國陝西省西安市碑林區

左，寶慶寺（近照）
右，寶慶寺華塔（1910年）

附 寶慶寺（華塔寺）

寶慶寺在西安市碑林區書院門街路北。寺建於隋文帝仁壽年間（六〇一－六〇四年），在當時的大興城安仁坊內。唐文宗太和、開成年間（八二七－八四〇年），以五色磚在寺內建塔，因五色似花，稱寶慶華（花）塔，故寶慶寺亦稱華塔寺。安仁坊在當時皇城朱雀門外東第三坊，與薦福寺塔院同在一坊。五代時該寺殿宇毀於兵火，惟塔尚存。明景泰二年（一四五一年）移塔建寺於今址。塔六面，共七級，高約七丈，每面底寬約八尺，現在第二級、第四級每面均有石刻佛像，第七級東面有銅佛像一尊。光緒年間，在西安教書的日人足立喜六對花塔上的佛像印象尤深，他在回國後所著的《長安史蹟考》中說：「此花塔周壁上刻有十數個精麗之半裸石佛，在本殿內壁上，復嵌佛像十二，俱極精巧，斷為盛唐名作，就中亦有留存開元、長安年號者。據傳此石佛原在唐光宅寺，及至改築長安城，方移此寺云。」足立喜六所說的光宅寺位於唐宮城丹鳳門外的光宅坊，因在坊內葡萄園掘出萬粒舍利，於唐高宗儀鳳二年（六七七年）敕建。武則天於長安三年（七〇三年）在寺內建成七寶舍利樓閣，特精工製作一批石佛像鑲嵌在七寶台壁面。光宅寺後來報廢，至明代，寺內的三十餘面高浮雕造像龕始移入寶慶寺供養。清雍正元年（一七二三年）修繕寶慶寺之際，又將部分浮雕造像龕嵌入磚塔壁面保存，存世共計三十二面，故稱為寶慶寺造像龕。清末，部分精美的雕像被盜賣國外，現收藏於日本和美國各博物館內。一九四三年，西京籌備會經手，環華塔築起圍牆，內佔地約半畝，圍牆門額上書有「唐華塔」三字。寺內多年來無僧人。一九四九年後，該寺塔作為古蹟名勝已受到地方政府保護，並予以整修。

附　廣惠寺

廣惠寺在西安城內東南角，東、南兩面均與城垣毗連，創建於清康熙四十年（一七〇一年）。乾隆、嘉慶時，迭經重修。寺址佔地十三畝餘，內有佛殿三間，韋陀殿三間，僧房七間，窯三洞，現住僧六人，多由薦福寺遷來。住持妙法和尚（已故），寺僧生活依靠房租，不足時勞動自給。

第七章

淨業寺

淨業寺（舊照）

位置

淨業寺在西安城西南七十里許灃峪口內山上，屬長安縣十三區紅廟鄉。北距豐德寺五里許，距山下靈感寺十餘里，西北距草堂寺二十餘里。由灃峪口入山，行五里許東望山腰上即豐德寺。再行五里許，舊稱柳林坪，山腰上凹處即淨業寺。東對青華山，南望觀音山，西臨灃峪河，林壑幽靜，風景殊佳，遠離塵擾，便於淨修，是終南最著名的古剎。

沿革

淨業寺建於隋，在唐時已稱故淨業寺。據《長安誌》，唐麟德二年（公元六六五年），詔終南山道宣律師在淨業寺建石戒壇。道宣律師雖曾應詔住西明寺（在當時唐京城內），但仍多在淨業寺靜修。在寺後石崖間及寺西北附近，有道宣律師靜修的茅屋舊址，即當年的紵麻蘭若及天人供養律師處。茲略述道宣律師簡歷如下。

釋道宣字法遍，姓錢氏，吳興人（據《開元釋教錄》）。吏部尚書錢申之子，生於隋開皇十六年（五九六年）。據《宋高僧傳》的記載，他九歲能賦，十五厭俗，十六落髮，於隋大業十一年（六一五年）從智首律師受具戒。據說他跟隨智首研習四分律學時，才聽到一遍，便急於修習禪定，智首嚴肅批評他說：「適遐自邇，因微知彰，修捨有時，功願須滿，未宜即去律也。」因此命令他再聽二十遍。道宣虛心受教後，獨自去終南山修行。傳說他在深山老林中遇到種種奇蹟，曾受到護法神的啟示，最後選擇淨業寺長住。他在寺內焚功德香，行般若三昧，日中一食，坐不倚床，道行高潔，多次感動天神。及西明寺初成，道宣律師奉詔充該寺上座。西明寺在唐城內延康坊，約當今西安城西南隅外五里許。至貞觀十九年（六四五年），三藏玄奘法師由印度回國，詔道宣律師協同玄奘翻譯佛典，曾擔任綴文、筆受、潤文等工作。有關道宣律師生平感應天神靈異的傳聞頗多，此處不再一一轉述。

道宣一生著作豐富，他精通大小乘經律，所撰寫的「律學五大部」被奉為律學最重要的著作。其他編著如《續高僧傳》、《釋迦方誌》，《廣弘明集》三十卷等，都是有關佛教文史的重要著述。

高宗乾封二年（六六七年）十月三日，道宣律師坐化示寂，時年七十二，僧臘五十二。高宗有詔傷悼，敕天下寺圖形塑像，以為典範。唐穆宗製贊曰：「代有覺人，為如來使。龍魔歸降，天人奉事。聲飛五天，辭驚萬古。金烏西沉，佛日東舉。稽首皈依，肇律宗主。」懿宗咸通十一年（八七〇年），敕謚號「澄照」，塔曰「淨光」。道宣律師示寂後，建舍利塔於淨業寺後峰頂，更在山下靈感寺道宣曾弘律學處建衣缽塔，現仍保存。

唐時淨業寺因道宣弘揚律宗而達極盛，唐代以後，逐漸衰落。就寺內現存碑碣來看，明代正統二年（一四三七年），住持雲秀曾做過修葺。明天順四年（一四六〇年），本寺住持本泉和豐德寺住持惠海再次修葺。嘉靖三十四年（一五五五年），地震塔傾，至隆慶時（一五六七年）重修。因寺僧嚴安曾遠紹道宣弘律演戒的緣故，清康熙二十年辛酉（一六八一年），為示寂後的嚴安禪師建塔，其塔銘有云：「宣公嚴公本來唯一，日面月面超然入室。」康熙五十二年癸巳（一七一三年），諸山長老大德曾重修道宣律師塔。嘉慶十八年（一八一三年），住持際桂曾重修寺宇。道光壬辰（一八三二年），監院明川建淨業寺，置田地並立規約碑記。

民國十年以降（一九二一—一九四九年），有閩僧智海來寺，曾在南洋募緣，為寺置田，供養淨修戒德，並在寺東山谷修建茅篷數處，以供住山修道的緇素住宿。智海師曾約請在慈恩學院主講的丘希明居士，在山寺教研法相宗經論一個時期。一九四九年後，智海返閩，近年由智真和尚主持寺務，已把淨業寺擴展為十方常住叢林。寺內及東溝茅篷近來常住五、六十掛單僧眾，在終南山一帶，目前可稱稀有的叢林，寺主及僧眾均滿懷復興律宗道場的志願。

佛教宗派

中國佛教各宗，向以律宗為基礎。故《十宗略說》、《八宗綱要》及《佛教各宗派源流》等書均列律宗為眾宗之首。這是因為三無漏學——戒定慧——存在著循序漸進的關係：由戒生定，由定生慧，故凡學佛，必由持戒起步。佛滅度之後，佛教徒以戒為師，若無戒律，即無佛教。中國佛教律宗以道宣律師為開山祖，即以淨業寺為祖庭。因寺在終南山，故亦稱南山宗。附近的豐德寺和靈感寺也都屬於道宣律師弘律的道場，自然與淨業寺有同等重要的地位。

佛教東來後，早在道宣律師之前，已有弘律的大德。從道宣律師的師承關係來看，即有智首律師和慧光律師，而與道宣律師同時的大德還有相部的法礪律師和東塔的懷素律師。三律師鼎足而立，號稱唐代四分律三大家。之所以首推道宣律師為律宗開山祖，是因為道宣律師曾參加三藏玄奘法師的譯場，且為上首，他深研法相教義，特以四分律兼屬大乘與前二派專以四分律為小乘的說法根本不同。比如就「戒體」這一內心持戒的功能來說，前二派以戒體為色法或非色非心，而道宣律師則以戒體為心法，即受戒時秉承阿賴耶識的種子，稱無表色戒。南山宗因而得以獨佔優勢，而其他宗派僅流行一時，此後便後繼無人。從此以後，一派獨傳的南山律宗便一枝獨秀了。此外，南山宗亦應用「成實論」，可通成實宗，且以法相唯識義解釋戒律，是又兼通法相宗。

道宣律師不只盛弘律學，著述豐富，他有關佛教文史和佛學目錄學方面的著作也備受關注。有一種傳說，說道宣是蕭梁時代著名僧人僧祐律師的後身，姑不論這一轉世的說法有多少可信性，單就兩位律師在著述上的成就來看，明顯有前輝後映，互相媲美之處。在律學的著述方面，僧祐有《薩婆多部相承傳》和《十誦義記》，道宣則著有《律師感通傳》、《四分律行事鈔》和《羯磨疏》等書。在佛教文史方面，僧祐有《弘明集》，道宣撰有《廣弘明集》；在佛教目錄學方面僧祐有《出三藏記集》，道宣撰有《大唐內典錄》；在佛陀傳記方面，僧祐有《釋迦譜》，道宣有《釋迦氏譜》；在僧傳的撰述方面，僧祐有《高僧列傳》三卷，道宣有《續高僧傳》。僧祐除駐錫梁京建初寺外，常在鍾山定林寺靜修。道宣除駐錫唐京西明寺外，經常居住終南山淨業寺。對比兩人各方面旗鼓相當的成就，不難想見道宣對僧佑的追慕，以及繼承和發揚。

唐以後律學衰微，明末金陵有古心律師重興此宗，其學人三昧、見月兩律師，繼起創戒壇於寶華山，專以此法軌範僧徒，以至近代南北各大佛寺多遵照寶華戒範。唯自清朝康熙皇帝親受戒於玉琳國師，又特頒明令，廢除前代官限戒期和部頒戒牒兩種制度，遂致天下叢林隨時隨地傳戒，接受自由，其末流竟至戒壇濫開，弊端叢生。

在一九四九年之前的三十餘年間，先有太虛大師所著《整理僧伽制度論》，宣導恢復戒律清規，此論述已為日本等國所翻譯；後有弘一律師盛弘道宣律師遺著，他的著述亦極豐富。兩位大師的行持和著作在佛教界都起到相當大的作用。弘一律師的學人——如二埋法師等——至今猶大力宣揚弘一法師的遺教。不幸流弊既久，積重難返，沿至近時，竟有三壇大戒短時並授，粗製濫造，流品混雜，為世詬病。這一切都歸咎於律學不振和正法衰敗。近幾年來，濫傳戒法的現象仍時有發生。最近中國佛教協會第二屆全國代表大會召開，為防止濫傳戒法，已組成傳戒儀範委員會，公定十條，嚴防流弊。若全國各地佛寺能恪尊實行，縱未必能夠恢復唐時道宣律師所著《戒壇圖經》的制度，亦可略師其良法美意，以期漸次發揚南山律宗的餘光於萬一。

國際關係

佛教戒律乃釋迦牟尼佛在世時所制定，它是佛教的法典，有如國家的憲法。佛甫一去世，同年即由諸大弟子傳集遺教。其中涉及律藏的部分，乃由佛弟子中持戒第一的憂婆離尊者主持結集。在長達九十天的結集中，憂婆離每天升座誦出戒條，一共誦了八十次，始編成一部《八十誦律》。這一部《八十誦律》是佛教的根本律藏。佛滅後百年內，各部師

徒共同遵守，尚未出現歧異。百餘年之後，逐漸出現分歧，分化為二部、五部、二十部乃至五百部。所謂二部，即上座部及大眾部。五部即薩婆多部的十誦律，曇無德部的四分律，大眾部的僧祇律，彌沙塞部的五分律，迦葉遺部的解脫律。二十部即上座、大眾連同這兩部共分化出的十八部。至於五百部，如《大智度論》所云：佛滅度後，有五百異部，其詳不得而知。佛教東來之初，律論尚未傳入。自東漢末年到魏黃初年間，如摩騰法蘭以及其他諸師度人出家，僅受五戒十戒。到了曹魏嘉平正元間（二四九－二五四年），有印度沙門曇阿迦羅（譯言法時），始在洛陽譯出《僧祇戒本》一卷，立羯磨法，沙門朱士行等受具戒。這是中國傳戒的開始。姚秦時代（四〇一－四一一年），羅什法師與弗若多羅譯出《薩婆多部十誦律》六十卷，這是中國有廣律的開始。劉宋時佛陀耶舍譯出印度曇元德尊的《四分律》共六卷。晉時佛陀跋陀羅與法顯譯出《僧祇律》四十卷。後由佛陀什與智勝譯出印度彌沙塞部的《五分律》三十卷。以上四律，先後譯出，同等傳行，唯《四分律》化緣獨深，於諸部中弘傳特盛。至於印度迦葉遺部的律本，唯傳戒本，其廣律本並未傳來。唐時義淨三藏譯「根本一切有部律」甚多，應是《十誦律》的別譯。曾見支那內學院校印的《五家戒本》，內有迦葉遺部《解脫戒經》（元魏瞿曇般若流支譯），與《四分律》、《五分律》、《僧祇戒本》有部戒經同本，可知迦葉遺部的律本並非沒有傳來。綜上各部所述，律文以及緣起大致相同，出入甚少。足見均從一本傳抄，只不過由各宗派分別傳誦而已。各律均由各宗所著的釋論東傳中國，共有五種：《毘尼母論》八卷、《摩得勒伽論》十卷、《善見論》十八卷、《薩婆多論》九卷、《明瞭論》一卷，所謂「四律五論」，這就是中國自古承傳下來的小乘律。而到了唐代，道宣律師弘傳《四分律》，著有劃時代的章疏五大部：《行事鈔》三卷，《戒疏》四卷，《業疏》四卷，《釋毘尼義鈔》三卷，《比丘尼鈔》三卷。他不僅集律學之大成，更在淨業寺和靈感寺建立戒壇，樹立了傳戒的典型模範。

四分律雖盛弘於唐代，其系統則始於北魏末的慧光律師。慧光弟子眾多，由慧光傳道雲、道洪，至智首而傳於道宣，其他相部的法礪，東塔的懷素，也都是慧光所傳的法派，包括日本律宗的開山祖鑒真律師（亦稱東征和尚），也都是慧光的再傳弟子。正是他把四分律學由中國傳到了日本。

據《高僧傳》記載，鑒真律師姓淳于氏，廣陵江陽縣人，唐天后長安元年（七〇一年）出家，先從道峰律師受菩薩戒，後從恒景律師。開元中，日僧普照等來唐，懇求鑒真前往日本為海東導師。鑒真很受感動，曾云：「山川異域，風月同天，寄諸佛子，共結來緣。」此後他衝破重重阻攔，經歷多次失敗，終於在天寶十二年（七五三年）同法進、思托等十四人攜經律渡海成功，到達日本。鑒真在日本曾給國王、王后、王子授菩薩戒，被封為「大僧都」，統領日本所有僧尼，在日本建立了正規的戒律制度，成為日本傳戒的始祖。唐代宗廣德元年（七六三年），鑒真無疾辭眾，坐化示寂，時年七十七。現據一九五五年日本宗教年鑒記載，日本的律宗，至今仍是一個重要的佛教宗派，有二十八個寺院，有一所學院，有信徒一萬零六百七十人。這是鑒真律師的餘光，也是南山律宗諸祖的餘光。唐貞觀顯慶年間，道宣律師尚在西明寺，印僧無畏三藏來唐，帝問來意，答言西明宣律師秉持第一，願往依止。及至大中、乾符間（八四七－八七九年），道宣律師已示寂，印度沙門覺稱來京師，有問來意，答言欲瞻禮道宣律師塔。又問，此土聖賢甚多，何獨及此？答曰：「律師名重五印」。觀此可知道宣律師在中印佛化關係上所享有的重要地位。

佛陀在世時所制戒律本來一致，殆及後世奉行，難免因國而異。如在印度、錫蘭、緬甸、泰國等地的佛教，現仍多行乞食制，因此均不戒葷腥。中國有唐代五祖建叢林，百丈定清規，均改立農禪制度。僧眾共守戒律，嚴守一日不作，一日不食的祖訓，不行乞食制，飲食一概吃素。至於日本僧人，如本願寺一派，出家和尚仍吃肉娶妻。但各國均以中國僧人蔬食為優良傳統，共表崇敬。中國西藏喇嘛僧，曾因當地谷米蔬菜缺乏，不戒葷腥，成為習慣，但若在內地，似應變通。或云受比丘戒可嚴戒殺，仍許食三淨或五淨肉。但若已受菩薩戒，如《梵綱戒經》所謂殺、盜、淫、妄、沾酒、食肉五辛等，各有專條。在十重戒內，倘仍用葷腥，便屬嚴重觸犯戒律。從前錫蘭納拉達大師曾言，中國僧人無一人能持沙彌戒的，乃指沙彌十戒最後的兩條：即過午不食，不捉銀錢，尤其是指手不捉銀錢一條。須知中國自唐代建設叢林後，不行乞食，這一條無形中已不能存在。雖在受戒時仍試行數日，將所帶錢幣暫交庫房，也不過作一形式而已。由此可知，佛教的戒律也因各國各地情況不同，在實行過程中會因地制宜，有所變化。

現狀

一九四九年之後，陝西省文管會侯佩蒼曾到淨業寺視察，但至今尚未著手整修。近已由住持智真和尚籌資重修，立十方碑記，以淨業寺為十方叢林。茲將現狀略述如下：

一、**寺址：**在後庵山（亦稱後岸或後安山）上，座北向南，占地約五畝許。

二、**殿宇：**寺內有大殿五間，大殿前杜仲樹兩株。兩邊禪堂五間，東邊齋堂五間、伽藍殿三間、門頭寮二間，磨房畜圈兩間。大殿東側庫房三間，有附加樓層。對面僧房三間，大殿西側客堂三間，對過法華堂三間。大殿後石洞三處，最後有觀音殿三小間。寺外西有男廁所，東有女廁所。

三、**經像：**大殿有三佛像，中釋迦佛，東藥師佛，西彌陀佛，皆泥塑。東邊有文殊菩薩像，西邊有道宣律師畫像一軸。伽藍殿供奉伽藍菩薩及韋陀像各一尊。有殘缺《藏經》一部，聞住持智真和尚正籌請《大藏經》。

臥佛寺（近照）

四、碑碣：庫房牆上嵌有〈唐道宣律師遺蹟碑〉一小方，係大明天順年間（一四五七－一四六四年）重刻。伽藍殿後有清嘉慶十八年（一八一三年）建的兩序房舍及鐘鼓樓碑一座。又有置田地碑，係道光壬辰年（一八三三年）立。殿前有佛頂尊勝陀羅尼神咒經幢，道光丁亥年（一八二七年）立。

五、僧眾組織：仍沿用佛教叢林傳統，有住持、知客等職名，以住持智真為首，現常住僧五十三人。內東溝小茅篷十八處，共十八人，六十歲以上的六人，除十七歲的小沙彌一人外，餘均四五十歲。

六、僧眾生活：目下以自耕勉力維持生活，現在全年收入糧食，僅足供四個月的食用，全年缺糧一萬六千餘斤，須向政府糧站請購。一九五二年政府照顧二十七元，一九五三年照顧三十元，一九五四年照顧六十元，一九五五年照顧一百元。

現已由寺眾造林，計栗子林六十畝，蘋果樹二百株，核桃樹三百株，葡萄一百五十架，柿樹五百餘株。寺主的願望，今後以發展林業果園為生產對象，不久可能增加收入，改善生活，且將來可能獨立生活，不依賴各種協助，亦不願再累及政府。

七、附記：

（一）淨業寺所在的本山有主峰名青華山，上有寺名臥佛寺，為唐代所建，相傳道宣律師曾在寺傳過戒。現有木構大殿五間五層樓，最下層為就山石刻成睡佛像，長五丈餘，二層為講經堂，三層為五方佛，四層是觀音文殊等五大菩薩，五層仍是五間，有十餘尊鐵佛像。所有大殿上下共二十五間，東西陪房二十八間，合計五十三間。碑記已失，每年六月十五有香會，香客甚多，恆以千計，該寺現由淨業寺派人看守。

（二）寺東北一里許，有道宣律師同參牛頭祖師舍利塔。

（三）寺東南不遠有唐白居易墳墓，但無碑記，當是衣冠塚（因白居易墓在洛陽龍門）。

綜上所述，再附兩偈，以作總結。

淨業古剎，律宗祖庭。廣演毘尼，開祖宣公。

聲聞五印，天人感通。著述宏富，傳統無窮。

淨業寺今址：中國西安市長安區終南山北麓之後庵山（鳳凰山）

豐德寺（近照）

附　豐德寺

豐德寺在灃峪口東山坡上，南距淨業寺約五里，北距靈感寺約六里許，距西安城約六十餘里。依寺碑所記，唐高宗永徽年間（六五〇－六五五年）所創建，但《陝西通誌》卷二十八則云：「豐德本姚秦草堂羅什譯經處。」查羅什法師於弘治年間（四〇一－四一三年）在草堂譯經，若同時到過豐德，雖不可詳考，則豐德寺的創建當會更早。寺內曾有道宣律師建立的戒壇，也是他弘宣律學的勝地。寺內有清乾隆五十八年（一七九三年）住持通慈等重修碑，同治間遭兵災破壞，光緒十九年（一八九三年）重修，有住持潁川等所立碑。

唐時圓測法師曾住此寺，後圓測在東都佛

授記寺示寂後火葬於龍門香山寺，即葬所建白塔，又分骨別葬於終南豐德寺嶺上。至宋政和五年，從豐德寺再分骨葬於興教寺三藏玄奘法師塔左，建造新塔。依此可知，豐德寺不但是與律宗有關的古剎，也與法相宗有一定的關係。

現有大殿五間，內有佛像三尊。山門三間，西廊共八間，住僧一人，已參加終南農莊。寺內有鐵獅子一對，高約四尺，明朝所鑄。寺前有古柏兩株。

現聞淨業寺負責人已與豐德聯合，並願協助豐德寺，合力維護這一有佛教歷史價值的古寺。

靈感寺（近照）

靈感寺石塔（舊照）

附　靈感寺

位置

靈感寺在西安城西南五十里許，位於灃河以東，長安縣平權鄉太原莊附近。西距草堂寺十里許，南距淨業寺十餘里。原有面積三十八畝，現又擴大十五畝。

沿革

寺擴建於唐朝初年，初名西明寺（另一西明寺在唐京城內），本是永興王府家佛堂。唐貞觀末年改為靈感寺，圓測法師曾住持其中，亦是道宣律師弘法的道場。寺內的宣公塔至今尚巍然矗立。《長安縣誌》記載：「唐道宣律師修行處，有淨土壇，景龍中建，今不可考。」道宣律師常在寺中，曾創設戒壇，規制完備，堪作典型，並著有《戒壇圖經》一卷行世。寺中央大殿西有白果樹兩株，枝繁葉茂，古木參天，相傳是唐代所植。道宣律師衣缽塔在大殿後東邊，塔底圍二丈四尺餘，高二丈餘，三層八棱，每面有石刻佛菩薩及飛天圖像，塔陰嵌有小碑一塊，係大明萬曆元年重修祖師舍利塔記。還有清朝時重修碑記。民國二十年寺僧賣去寺產水田多畝，修理殿寮，並塑許多佛寺不應有的神像。當時尚欲敦請淨業寺住持智海和尚在寺辦律宗學舍，後未果。在抗日戰爭期間，曾暫充日軍戰俘營，後又為南遷的西安師範學校所借用，直至勝利後該校才搬回市內原址。此後地方各界在寺內設立靈感寺中學，內戰期間，國民政府為褒揚附近東大村陣亡的抗日名將張靈甫，特改其名為「靈甫中學」。

現狀

寺內殿寮及各房舍計四十一間，大殿五間，東西兩寮十四間，前殿三間，有樓層。東側僧寮大小五院，計有房二十九間。一九四九年後，設立社會福利院，又建新房五千平方米。東西鐘鼓樓各一，山門三間，現因無住僧，經像法器全無。

第八章

華嚴寺

華嚴寺（1959年）

位置

華嚴寺在西安城東南約二十五里，韋曲東南，杜曲正西，位於樊川少陵原半坡上。下臨潏水，西對神禾原，南望終南的霧岩及玉案各峰。東距興教寺約十五里，西距牛頭寺及杜工部祠約五里。唐岑參〈題華嚴寺環公禪房〉詩云：「寺南幾十峰，峰翠晴可掬。」當日華嚴，是城南大寺，環境之優美，登眺之悅目，可以想見。

沿革

寺建於唐太宗貞觀年間（公元六二七－六四〇年）。現有華嚴宗初祖杜順和尚塔及四祖清涼國師塔，東西並峙，猶聳立原上。

杜順原名法順，因俗姓杜，故稱杜順。京兆萬年杜陵人，生於陳武帝永定二年（五五八年）。他在十八歲時投奔因聖寺，跟隨珍禪師出家。關於他出家前後的經歷，傳記中記錄了不少靈異神奇的事蹟。比如說珍禪師親為他剃度之時，發生輕微的地動。他與眾僧人在驪山種菜，發現那裡害蟲很多，他便劃出一塊種菜的地域，害蟲立即從那塊地裡退出。

另有一武功縣的僧人為毒龍困擾，經杜順醫治，僧人的病痛立即痊癒等等。因此杜順以他的「稟性柔和，操行高潔」而為世人所景仰，以至聲聞朝廷，被唐太宗詔請入宮，崇信有加。據本傳記載，太宗曾向他自訴病情曰：「朕苦寒熱，久而不愈，師有神力，何以消除？」杜順回答說：「聖德御宇，微恙何憂？但頒大赦，聖躬自安。」太宗聽從了他大赦天下的勸導，疾病立即痊癒，於是賜給他「帝心」的稱號。有關杜順臨終的事蹟，本傳的描述也很神奇。說他在貞觀十四年（六四〇年）十二月二十五日於興善寺會見僧眾，一切都很正常，忽然向眾人作告別，更前往皇宮與太宗告別，最後在御床上坐化示寂，時年八十四，塔葬于華嚴寺內。此外，關於杜順是文殊菩薩化身的傳說，也有一個戲劇性的佛門公案。說是杜順示寂之前，有個門人要去五臺山朝拜文殊菩薩，前來辭行。杜順說偈曰：「遊子漫奔波，臺山禮土坡。文殊即這是，何處覓彌陀。」此人到達五臺，在山坡上遇見一老人，問他來此地有何公幹，他說要禮文殊。老人曰：「大士已往長安教化眾生去了。」他問「大士是誰」，老人說「杜順和尚是。」老人言罷，奄忽中消失在他眼前。等到這門人返回長安，杜順已經示寂。眾所周知，文殊菩薩乃華嚴三聖之一，杜順既已被定位為華嚴初祖，傳說他是文殊的化身，自然是一則不難理解的故事了。

華嚴宗的四祖是澄觀法師（七三八－八三九年）。他俗姓夏侯，字大休，越州山陰（今浙江紹興）人。據說他在小時候就喜歡玩聚沙為塔的遊戲，十一歲時，跟隨本州寶林寺霈禪師出家。此後勤學苦練，鑽研經典，尤其勤誦《華嚴經》，一目十行，日記萬言。一年之內，即通曉經、律、論三藏。年二十受具戒於曇一大師門下，發下十誓弘願（後稱「清涼十願」），一生以此自勵。此十願為：

體不損沙門之表，心不違如來之制，坐不背法界之經，性不染情愛之境，足不履尼寺之塵，脅不觸居士之榻，目不視非儀之彩，舌不味過午之肴，手不釋圓明之珠，宿不離衣缽之側。

他先後隨曇一大師、玄璧法師學習律學和「三論」，在瓦官寺、天竺寺研習《大乘起信論》和《華嚴經》，遍訪當時各處名僧大德，探習南宗北宗禪法，在東京拜見大詵和尚時，大詵稱讚他說：「法界宗乘，全在汝矣！」

大曆三年（七六八年），代宗詔澄觀入宮，與大辨正不空三藏於大興善寺譯經，命為潤文大德。到大曆六年為止，共譯經典七十七部，一百二十卷。曾為代宗講述佛經要旨，深得代宗尊重。此後在五臺山大華嚴寺駐錫十載，完成了《大方廣佛華嚴經疏》二十卷。此外，澄觀還廣泛研究世間學問，舉凡天竺悉曇、諸部異執、四吠陀典、四圍五明、秘咒儀軌，乃至諸子百家、小學蒼雅等，不論篇頌、筆語、訓詁、聲韻、文字等，一皆博綜，通學無礙。貞元十二年（七九六年），唐德宗詔請澄觀入京師長安，與罽賓三藏般若在大興善寺共同翻譯南印度烏荼國進獻的《華嚴經》後分梵篋本。期間，唐德宗數次親臨譯場。此經於貞元十四年二月二十四日譯成，計四十卷，由澄觀審定，仍題名《大方廣佛華嚴經》，世稱《四十華嚴》。是年四月，德宗華誕，詔請澄觀在麟德殿開示新譯《華嚴經》宗旨。群臣會集，澄觀升座說法，宣講經題妙義。講畢，德宗稱讚澄觀「能以聖法清涼朕心」，因而賜澄觀「清涼國師」的尊號。

澄觀一生講述《華嚴經》達五十遍，設無遮大會十五次，著作等身，現仍流傳者總計達四百餘卷。如《大方廣佛華嚴經疏》六十卷、《大方廣佛華嚴經隨疏演義鈔》九十卷、《華嚴經行願品疏》十卷、《大華嚴經略策》、《新譯華嚴經七處九會頌釋章》、《華嚴經入法界品十八問答》、《華嚴法界玄鏡》、《五蘊觀》、《華嚴心要法門》等，的確是《華嚴經》譯介講述的集大成者。澄觀弟子得法者有百餘人，為人師者有三十八人，學徒千人。宗密、僧睿、法印、寂光四人，時人稱為「門下四哲」，其中尤以圭峰宗密繼承法統，獨得其奧。開成三年（八三八年）三月六日，澄觀囑咐上足諸大弟子後，趺坐安詳而逝。他一生經歷九朝，為七帝之師，世壽一百零二，僧臘八十三。文帝以祖聖崇仰，輟朝三日，重臣縞素，同月二十七日，塔於華嚴寺。文帝賜塔額曰「妙覺」，詔相國裴休撰碑記。

宋張禮《遊城南記》敘及與諸友人遊華嚴寺情景，曾云：

寺僧子齊出詩凡數百篇，皆詠寺焉。……明微吟唐僧子蘭詩「疏鐘搖雨腳，積雨浸雲容」之句，及讀相國陳公「悔把吾廬寄杜城」之言，則又知華嚴之為勝也。

張禮本人亦有〈詠華嚴寺〉一首，其詩曰：

迢迢雲外寺，飛閣倚晴空。秋靜門常閉，苔深路不通。
寒山千里翠，霜木萬家紅。誰問林居士，幽窗生暮風。

可見在北宋末年，華嚴寺依舊殿宇整飭，為長安勝景。張禮在遊記中提及「真如塔」，說塔「在東閣法堂之北，壁間二石記，皆唐刻也，俱載華嚴寺始末，則華嚴、東閣，本一寺也。」真如塔當是初祖塔，但唐刻二石均不可得見。元至元九年（一二七三年），重修四祖塔有碑記，約四尺餘長，橫鑲窯洞外壁間，現仍存。一九三〇年夏，朱子橋將軍來陝賑災，時值大旱，朱同佛界居士往禮華嚴寺塔，見元代重修碑，內有云：「時值大旱，修塔即降甘霖。」朱等即在塔前發願，重修兩塔，祝願普雨。當即大雨，朱隨即籌資，隔月動工，逾月工竣。當時重修兩塔，並建殿三間，可作塔亭和僧房。在初祖、四祖塔下小堂內立碑石，分別刻兩祖道影，且附記重修因緣於像下，今猶保存。

據明代趙涵《遊秦日錄》所記，塔下層有杜順像，又言寺內曾有五塔，後只留二塔，尚有儼尊者塔額在。儼尊者當是二祖智儼，所謂五塔，或是法界五位祖師塔，當日都在寺內。也就是說，除了初祖、四祖的兩塔外，應有二祖智儼禪師、三祖賢首國師、五祖宗密禪師的三座塔。今只有兩塔，杜順像及儼尊者的塔額均渺無蹤跡。杜順碑為唐太宗時所立，現移存城內碑林。當一九三〇年重修兩塔時，在四祖塔東掘土發現清雍正時為四祖塔所立一碑，內言加封清涼為「妙正真乘」禪師，由此推知，當時應有修整工程。朱子橋三〇年代所建的三間房舍至今已破爛不堪，兩塔亦不無凋殘，現僅有住僧一人，看守香火而已。一九五三年，上海弘化社曾徵求華嚴宗祖庭照片，寺僧拍照後寄塔影給弘化社，登上了《弘化月刊》封面。今日寺塔孤立於蔓草荒煙中，撫今追昔，令人倍感淒涼。

佛教宗派

中國佛教，在唐時依《大方廣佛華嚴經》立宗，華嚴宗各派別即以華嚴寺為祖庭，以杜順和尚為初祖。杜順留下的著作很少，相傳僅有《華嚴法界觀門》、《華嚴五教止觀》

各一卷，即使這兩卷論著是否真為杜順所作，仍存在爭議。二祖智儼禪師（六百－六六八年）俗姓趙，亦被稱作雲華尊者。曾著《華嚴搜玄記孔目章》、《華嚴一乘十玄門》、《華嚴五十要問答》等，傳至三祖賢首國師。師名法藏（六四三－七一二年），俗姓康，康居國人，著《六十華嚴疏》，同譯《八十華嚴》。此宗至賢首，弘揚始盛，可謂能集華嚴大成，故此宗亦名賢首宗。師著述甚多，《大乘起信論義記》、《華嚴金獅子章》等，豐富多采，向來為佛界所推崇。又經數十年，四祖清涼國師遙承其旨，著疏廣博，華嚴奧義如日中天，故華嚴宗亦稱清涼宗。此宗立四法界，即事法界、理法界、事理無礙法界、事事無礙法界，依次精修現行，故依法所詮宗旨，亦名法界宗，傳至五祖圭峰宗密定慧禪師（七八〇－八四一年）。宗密是在赴京師應試途中聽聞道圓和尚講經說法後，遂追隨道圓，剃度出家的。他先是研習《圓覺經》，深有感悟。後來在襄陽遇到靈峰法師，讀到靈峰所藏的八十卷《華嚴經》和澄觀法師所著六十卷《華嚴經疏》、九十卷《華嚴經疏鈔》，高興地說：「吾禪遇南宗，教逢圓覺，一言之下，心地開通。一軸之中，義天朗耀。今復得此大法，吾其幸哉！」事後便為四眾把《華嚴經疏鈔》講了兩遍。為了向清涼國師講述他讀經的心得，他寫信求見國師，國師立即回覆他「不面不傳」。宗密於是遠赴京師，見到國師，從此隨侍國師數年之久。宗密著有《華嚴論貫》五卷、《圓覺經注疏》、《原人論》一卷等。自杜順至宗密，華嚴一脈，繼承不衰，可惜遭逢武宗會昌滅法之舉，華嚴宗從此一蹶不振。宋朝初年，長水子睿有意復興，但是缺少相關資料，直到他的弟子淨源才有了轉機。淨源在五臺山從承遷學《華嚴經》，後又從横海、明覃學唐代李通玄所著《新華嚴經論》等，一生致力弘揚華嚴教義，著有《華嚴普賢修正儀》等書，被稱為華嚴宗的「中興教主」。明初別峰、麓亭等法師大闡華嚴宗旨，傳及明季，有續法法師，著《賢首五教儀詳注》等。清代有通理法師，著《五教儀開蒙增注》等，尚能承傳華嚴一脈餘緒。到了民國十年（一九二一年）前後，在杭州海潮寺及江蘇常熟虞山興福寺，曾有月霞法師倡辦的華嚴大學，惜不久停辦。在一九四九年以前，華嚴座主應慈法師曾在上海選講《華嚴經》。一九五四年唯聞上海居士林及西安佛化社集眾組會，恭讀唐譯《八十華嚴》，祝願世界和平而已。去年以來，山西五臺廣濟茅篷延請法師講《華嚴》全經，可謂稀有因緣。

華嚴一宗判攝佛教，用三時五教，以及十宗的說法。所謂三時，一為初照時，如日初出光照高山，即佛說華嚴等。二為轉照時，如日初照高山，次照高原，後照大地，即佛說阿含、般若等。三為還照時，如日將沒，還照高山，即佛說法華等。華嚴五教，即：小教攝大乘，始教攝大乘空教，終教攝大乘不空教，頓教攝禪宗等，圓教攝華嚴等。至如十宗、六相、十玄等，廣大精密，不能詳述。華嚴宗各祖的成就及其宣揚的教義原不限於一宗，如初祖所說法身頌，可攝宗門，他的所有神通妙用，可攝密乘。四祖同不空譯密典，兼通密宗。所著疏鈔，如《十地經》等，可攝法相。五祖的著述是律宗、法相宗兼宏，且承傳南宗，又是禪宗大德。若論華嚴大經，七處九會十放光，融攝無遺，其最後「普賢行願品」導歸極樂，可謂彌陀淨土的首唱。故曰：「不讀華嚴，不知佛教之富。」

國際關係

釋迦牟尼佛在菩提樹下初悟法界真理，於是把他自心所證得的道理宣示於眾，這就是他所說的「大華嚴經」。因為他講述的道理很高深，聽眾大都如聾似盲，僅有諸大菩薩能瞭解其中的妙諦，因此佛接下來便說阿含小教，以便大眾能夠接受。這《華嚴經》在佛滅後第二個五百年中，由印度龍樹菩薩傳出，原有廣、中、略三本，即使那略本，亦有十萬頌之多。中國有三種譯本：晉時有慧遠大師的弟子法淨、法領前往于闐，求得華嚴梵本三萬六千頌，於東晉義熙十四年至劉宋永初二年（四一八－四二一年），由天竺三藏佛陀跋陀羅等在揚州謝司空寺譯出《大方廣佛華嚴經》六十卷，即今存的晉譯華嚴，是為該經的第一部譯本。二百六十餘年後，至唐武后年間，因為晉譯本中「處」、「會」未備（晉譯七處八會三十四品），又遣使到于闐，再求梵本，並從于闐請來三藏實義難陀，他攜帶經本同來，從證聖元年至聖曆二年（六九四－六九九年），在東都佛授記寺與菩提流志及復禮、義淨等諸師重譯華嚴，當時由三祖賢首國師主持譯場，譯成《大方廣佛華嚴經》八十卷。即今存的唐譯華嚴，是為該經的第二部譯本。又過了九十多年，至唐德宗貞元十二年至十四年（七九六－七九八年），由罽賓三藏般若等協同四祖清涼國師，在長安崇福寺譯《大方廣佛華嚴經》，世稱「四十華嚴」。與唐譯本不同的是，其第四十卷「普賢行願品」只是「入法界品」的異譯本而已，是為該經的第三部譯本。

其實華嚴大經在佛教入中國（六十七年）後約百年頃，即已開始部分漸次傳入中國。最初在後漢桓靈年間（一四八－一八六年），由支婁迦讖譯出的《兜沙經》一卷，即今經中「如來名號品」及「光明覺品」的部分內容。四十多年後，在東吳孫權時（二二二－二二五年），支謙譯出的《菩薩本業經》一卷，即今經中「淨行品」與「十住品」。又經百年許，至西晉（二六六－三五一年），竺法護所譯《菩薩十住行道品》即今經中「十住品」，所譯《漸備一切智經》十卷即經中「十地品」。但在當時，世人並不知所譯各經均出自《華嚴經》。又經八十餘年，至姚秦時（四〇一－四〇九年），由鳩摩羅什與佛陀耶舍同譯《十住經》六卷，即竺法護所譯《漸備一切智經》的重譯本。從支婁迦讖至羅什前後二百五六十年間，《華嚴經》全經三十九品，僅有八品傳入中國。由漢至唐六百餘年間，經過許多大德絕域求經，艱苦備嘗，中印諸大師合力翻譯，經過零星篇章的譯介，直至盛唐一代，才完成了該經的全譯本。唐義淨三藏云：「後者安知前者難，往往將經容易看。」誠哉斯言！

因為晉譯和唐譯華嚴原本，均取自于闐，關於于闐的情況，現在此略附數言。于闐在當初泛稱西域，在蔥嶺以東，建國甚古，中國典籍中所見最早為《史記・大宛傳》。其中描述于闐西部之水皆西流，注西海；東部之水皆東流，注鹽澤。據玄奘法師《大唐西域記》所記，于闐建國當在佛滅後二百年許，約在公元前三世紀間，自漢至今，于闐名稱沿用未變。在當時是大乘佛教國。三國時期的朱士行是華人中第一個受戒的沙門，法號八戒，也是華人中第一個遠去西天取經的僧人。但他只到達于闐，在那裡求得《大品般若經》的梵文原本，囑託專人送回中國，由無羅叉、竺叔蘭等人合力譯成華文，取名《放光般若經》。朱士行本人則終老在于闐。于闐可稱為大乘佛教從印度傳到中國的中轉站。近世學者認為于闐是《華嚴經》重編之地，此說雖未可盡信，然「六十華嚴」和「八十華嚴」均由于闐取來原本，且「華嚴菩薩住處品」多列于闐地名，故此說亦不為無因。

《華嚴經》在唐時由道睿律師傳入日本。另有新羅僧人義湘，來唐後受學於智儼，回國後成為新羅華嚴宗初祖。後因日本良辨法師請求由新羅審詳法師開宗講說《華嚴經》，因而奉審詳法師為日本華嚴宗初祖。審詳傳法於良辨，良辨奏請天皇，以東大寺為華嚴寺，盛弘華嚴，承傳千餘年。據一九五五年日本宗教年鑒記載，日本華嚴宗現有一個宗，有五十一個寺院，有一個高校，有信徒六萬一千零五十人。這是華嚴宗在日本發展的最新狀況。

現狀

一、**寺址：**寺北依少陵原，有土窯洞一座，現無院牆，只有兩塔。占地約二畝許，南面為陡坡，西邊有居民數家。

二、**殿宇：**原無殿宇，只有土窯內中間供佛，東西兩小偏窯，一邊住僧，一邊作灶。一九三〇年修塔時，建屋三間，可作佛殿或僧房，現已破漏不堪。

三、**經像：**窯內有泥塑釋尊像，後來所築三間房屋內並無佛像，更無經典，只有僧人課本。

四、**寶塔：**窯洞向南，東邊有初祖杜順和尚塔，四面七層，高四丈餘。塔上層有石刻「嚴主」二字，三層有石刻「無垢淨光寶塔」六字。西邊有四祖清涼國師塔，六面五層，現在的高度只有二丈餘。因北崖土崩，塔下層約七八尺埋於土內。塔上石刻「大唐清涼國師妙覺之塔」。兩塔最下層各有小堂，初祖塔堂內有石碑上部刻初祖道影及像贊，下部刻重修記，宋聯奎書。四祖塔堂內有石碑，上部四祖道影及像贊，下部刻重修記，宋伯魯書。兩碑記文，分述初祖四祖與華嚴關係及重修因緣，均為寂園居士所撰。

五、碑碣：有元朝至元九年〈重修大唐華嚴新舊兩經疏主翻經大教授充上都僧統清涼妙覺塔碑記〉，是宣賜扶宗弘教大師上谷大法之寺，傳戒長講沙門行吉祥建的。又有一碑，在四祖塔東，乃清雍正時為四祖塔所立，內言加封四祖為「妙正真乘禪師」。一九三〇年修塔時從土中掘出，仍豎立於塔東。

六，住僧情況：住僧一人，已入當地農業社，生活尚可維持現狀。

七、附記：自一九三〇年補修兩塔後，以搭架的木料再略加補充，築屋三間，現已殘破。華嚴寺乃唐代華嚴宗的祖庭，在千餘年前曾名揚一時，今竟荒涼敗落到如此境地。甚望佛界四眾，尤其是研習華嚴宗的大德，合力設法，以期恢復於萬一。更期望政府對這一有歷史重大關係的古剎加強保護，設法整修。

綜上所述，再附一偈，以作總結。

華嚴向稱經中王，祖庭興廢感滄桑。
兩塔猶存法燈息，何時再見古清涼。

華嚴寺今址：中國陝西省西安市長安區韋曲街道四府村

第九章

香積寺

香積寺善導塔（1959年）

位置

香積寺位於西安城南，距城約三十五里，屬長安縣郭杜鄉。地處子午谷正北神禾原上，西傍潏水，南臨滈河，遙望終南。提起香積寺，大都喜歡引用唐王維的一首詩，其詞曰：「不知香積寺，數里入雲峰。古木無人徑，深山何處鐘。泉聲咽危石，日色冷青松。薄暮空潭曲，安禪制毒龍。」這首詩題曰〈過香積寺〉，寫的是路過香積寺以後，進入終南山所看到的景致。香積寺其實離終南山不止「數里」，少說也有十五、六里，以它破題，不過立一個明顯的座標點而已。住在長安縣的人自然都知道，香積寺並不是一個山寺。

沿革

「香積」這個寺名的來源有兩種說法。第一種說法來自《陝西通誌》說是隋開皇三年（公元五八三年），在神禾原下的滈水和潏水交匯處建成香積堰，此佛寺位於香積堰邊，故名香積寺。第二種說法認為第一種說法是本末倒置：並非寺因堰而得名，反倒應該是堰因寺而得名。「香積」一名本出自佛經。在《維摩詰所說經・香積佛品第十》中，維摩詰提到一處名叫眾香國的佛土，那裡的佛名叫「香積佛」。時化菩薩按照維摩詰的吩咐前往眾香國，從香積如來手中得到滿滿一缽香飯，帶回交給維摩詰，以至「飯香普薰毗耶離城」云云。受這則故事的渲染，信佛吃素者往往把美味的素食稱作「香積廚」。用佛經上的字眼命名一座佛寺顯然更靠譜，兩相對比，《陝西通誌》所載的說法就不足為據了。

香積寺建立的年代也有兩種說法。一說是建於唐高宗永隆二年（六八一年）。另一說也來自《陝西通誌》，說寺建於唐中宗神龍二年（七〇六年）。

正果按：該說仍屬於《陝西通誌》誤導。善導大師示寂於永隆二年，按照他弟子懷惲死後的碑文（懷惲弟子思莊所撰〈隆闡法師碑〉）所敘，善導示寂後，懷惲當年即「於鳳城南神和（禾）原崇靈塔」，而且「仍於塔側廣構伽藍，莫不堂殿崢嶸，遠摸忉利……奉永昌元年敕，徵法師為寺主」云云。這說明：一、在建塔的同時，香積寺隨即建立起來，而且殿宇雄偉，規模很大。二、永昌元年（六八九年）武則天就任命懷惲為香積寺的寺主，不可能在十七年之後的神龍二年才建寺。

關於善導大師，《續高僧傳》本傳及《淨土聖賢錄》均言不詳其所出。黃懺華所著《中國佛教史》則確定他是臨淄人（今山東淄博市），生於隋大業九年（六一三年）。他最初出家之日，只是誦念《法華經》和《維摩詰經》，後來信手抽取經卷，抽得《觀無量壽佛經》，閱後如醍醐灌頂，始專心念佛，且修十六妙觀。唐貞觀十五年（六四一年），二十九歲的善導遠赴山西西河玄中寺謁年已八十的道綽大師，聽道綽講述《觀無量壽佛經》，深有感悟，於是把專心致志念彌陀淨土奉為入佛的要津。他不但自己勤修苦練，晝夜念誦，更激發信眾，廣行教化，自始至終，都反復演說淨土念佛法門。善導如此堅苦自勵三十餘年，施主供養他好食物，他常拿給徒眾去吃，自己則甘於粗茶淡飯。他抄寫《阿彌陀經》十萬餘卷，畫淨土變相三百餘壁，苦心教化信眾念佛三昧，往生淨土。有人問善導：「念佛即能生淨土乎？」善導回答說：「如汝所念，隨汝所願。」他所作的勸世偈是：「漸漸雞皮鶴髮，看看行步龍鍾。假饒金玉滿堂，難免衰殘老病。任汝千般快樂，無常終是到來。唯有逕路修行，但念阿彌陀佛。」「逕路修行」就是直道而行，不走彎路，即反復誦念「阿彌陀佛」。有人問善導大師：「為什麼不教人作觀想，卻直接教他稱念阿彌陀佛的名號？」他回答說：「眾生業障深重，所觀的境界精細微妙，而能觀的心卻極為粗糙動搖，既然心識飛揚，精神散亂，那麼觀想就很難成就。釋迦世尊大慈大悲，憐憫眾生，所以他直接勸導眾生專心稱念阿彌陀佛。」

善導著有《觀無量壽佛經疏》四卷，《觀念法門》一卷，《往生禮贊》一卷，《淨土法事贊》二卷，《般舟贊》一卷，共五部九卷，或稱五部九帖。在中國佛教淨土宗史上，善導大師繼往開來，集淨土宗之大成，尤以其身體力行而著稱於世，因而被盛傳為阿彌陀佛的化身。唐高宗永隆二年（六八一年），有一天他對僧眾說：「此身可厭，吾將西歸。」然後登上寺院前的柳樹，向西祝願曰：「願佛接我，菩薩助我，令我不失正念，得生安養。」說偈後，捨身而逝，時年六十九歲。

正果按：此說傳播甚廣，實係以訛傳訛之說，俟下文詳加辨正。

唐代以後，香積寺法事消沉，明嘉靖時（一五二二年），香積寺尚能維持現狀。當時有進士王鶴字於皋者，曾有詩描述寺內外的景觀，其詞曰：

古塔依蕭寺，長川豔滈河，林深青靄洽，地僻白雲多。
春意催花鳥，幽情寄薜蘿。探奇得勝境，稅駕自岩阿。
郊夕牛羊下，村歸漁牧歌。佛光天上轉，僧影目中過。
問法馴山鬼，裁詩敵睡魔。三千空世界，到處是行窩。

從這首詩的描述可以看出，香積寺周邊的村民與寺內僧人相處融洽，寺內外一片祥瑞氣象。清乾隆年間（一七三六－一七九五年），曾刻置塔門「涅槃盛事」四字，可見清時亦不無修整。唯聞在清朝末年，寺內所藏金石文物盡為日本浪人盜去云。近又獲悉，當時寺僧為防文物被盜，曾埋藏若干。據說一九五三年地方政府前往寺內檢查，尚有精緻的藏品一百一十九件。多年來佛教界迭議修整寺塔，可惜迄未實現。近年因上海、蘇州淨土宗諸位法師函促西安佛教界補修二祖寶塔，聞已有人向省文物管理單位多次請求，據悉當局已允考慮籌修云。

佛教宗派

佛教東來近二千年，其普及大眾，深入社會，能為最大多數信徒所實踐的法門，當首推禪淨二宗。禪宗多為上根者所崇尚，淨土宗則可普被上中下三根。禪宗教人真實參究，積久開悟，全憑自力，屬於難行的法門。淨土宗教人真信切願，老實念佛，全力貫徹信、願、行三個方面，回向淨土，即得往生。因多憑他力，故為易行的法門，淨土宗因而最為盛行。相比而言，如三論、慈恩、真言、賢首、天臺各宗，大都盛極一時而漸趨衰微，只有淨土一宗，濫觴於東晉廬山慧遠大師的蓮社，遞進於北魏五台曇鸞大師和唐並州道綽大師，至唐長安善導大師乃集其大成，蔚為宗風，至今不衰。嚴格地說，善導只是淨土宗二祖，但通常多把他尊為開山祖師，因而善導塔所處的香積寺也就被奉為淨土宗祖庭。其實淨土宗最初是廬山慧遠大師開創的，故此宗亦稱廬山宗。起先慧遠大師主張持名與觀想並行，此後曇鸞與道綽轉而宣導專持名號，只因善導把念佛法門推向極端，普遍宣揚，婦孺共曉，在推廣持名念佛的弘法效果上最有成就，故通常多奉他為開山祖。若要按論資排輩的譜系講，那就是：初祖廬山東林慧遠大師，二祖長安光明善導大師，三祖南嶽般舟承遠大師，四祖五臺竹林法照大師，五祖新定烏龍少康大師，六祖杭州永明延壽大師，七祖杭州昭慶省常大師，八祖杭州雲棲蓮池大師，九祖北天目靈峰智旭大師，十祖虞山普仁行策大師，十一祖杭州梵天省庵大師，十二祖紅螺資福徹悟大師，十三祖靈岩聖量印光大師。印光大師專倡持名，他的文鈔及嘉言錄流布海內，深得信眾擁戴敬佩，可謂善導之後，一人而已。

念佛方法，約分四種：一持名，二觀想，三觀像，四實相。所謂持名，根據《佛說阿彌陀經》，就是經中所云執持名號。觀想是依據《十六觀經》，觀像是依據《般舟三昧經》，實相念佛是依據《大集經》。在四法中，自以持名為殊勝方便。善導大師雖為《十六觀經》著疏，曾修十六妙觀，且著《般舟贊》，也行般舟行，卻始終重點提倡持名一法。印光大師也特提倡持名。自晉以來，念佛法門深入社會人心，各宗大德無不倍加呵護。比如各宗並弘的太虛大師也曾著有《彌陀淨土法門集》，講述「中國人口頭心頭的阿彌陀佛」。現代禪宗泰斗虛雲老和尚也時常勸人老實念佛。全國各大叢林及小廟均以《彌陀經》為日課，以念佛為最普通的修持。佛教四眾相見每以一聲「阿彌陀佛」作口頭致意。即使不信佛教的人，偶然也會有意無意間發一聲「阿彌陀佛」，正如俗話所說：「家家觀世意，人人阿彌陀。」「阿彌陀佛」四字本是梵語音譯，意譯成中文，就是無量壽佛。

淨土道場每以列祖所在地為依歸，前清是以北京東北懷柔縣紅螺山徹悟大師所住的資福寺為淨土宗道場。此道場至民國已趨於衰敗，今日蘇州靈岩山寺印光大師塔院所在地乃是中國淨土宗著名的道場。該處現住僧眾百五六十人，內多戒德，主辦有淨土宗學院，是國內外佛教徒和欽慕者朝拜訪問的名剎。

國際關係

中國淨土宗以由印度東來的「三經一論」為主要根據。三經之一是《無量壽經》，曹魏康僧鎧譯，據說有十二種譯本，現存五種，康譯本最為流行。無量壽佛即阿彌陀佛，該經可稱之為佛陀所說的阿彌陀佛簡史。其二是《觀無量壽佛經》，簡稱《觀經》，劉宋畺良耶舍譯。此經是佛陀應當時國太夫人韋提希請求講述十六種觀法，其中最主要的觀法是觀想彌陀相好及淨土莊嚴。其三是《佛說阿彌陀經》，這是一部沒有弟子提問，而由佛陀獨自言說的經文，講述起信發願，執持名號。通行羅什法師的譯本，另有唐玄奘法師的譯本，名稱《贊淨土佛攝受經》，現亦流通。這兩個譯本並非一部經的不同譯本，而是針對根機不同的聽眾而方便說法的兩部佛經，同一主題，但表述有異：一個高深精妙，一個通俗易懂。所謂一論，即《往生論》，全題是《無量壽經優婆提舍願生偈》，世親菩薩造，元魏菩提流支譯。上述三經一論，歷代大德為之作疏解者不勝枚舉，如慧遠大師有《無量壽經》和《觀經》的疏解，曇鸞大師有《往生論注》，善導大師有《觀經疏》，其他大師對《彌陀經》注解尤多，其中以明代藕益大師的《彌陀要解》最為精要。

此外，有關淨土宗的論述及詩文也不少，如宋王龍舒的《淨土文》，明藕益大師的《淨土十要》，清彭二林居士的《淨土聖賢錄》，均可作為研究淨土理論及歷史的重要參考。其他釋疑辨難的著述，則有隋智者大師的《淨土十疑論》，唐窺基法師的《西方要訣》（內解答十四個問題），善導大師的高足懷感法師的《釋淨土群疑論》，印光大師的《淨土決疑論》等都是研習淨土宗的輔助性讀物。若或欲遊心文藝，更可瀏覽《樂邦文類》和《蓮華世界詩》等。淨土行持固然簡易，殆及此後普及繁衍，也是極其豐富多彩的。

若說淨宗的承傳，自當奉西土文殊、普賢、馬鳴、龍樹、觀音、勢至諸大菩薩為宣導者，如《大般若經・文殊般若品》內，特倡一行三昧，即是持一佛名的指示。《華嚴經・普賢行願品》便是導歸極樂的明訓，馬鳴的《大乘起信論》指歸西方，龍樹的《十住毗婆娑論・易行品》內所示的行易道尤為善導大師一派的根源。至若《法華經・觀世音菩薩普門品》，《楞嚴經・大勢至菩薩念佛圓通章》，都涉及到淨土宗持名念佛的要點。由此來看中國各大佛教名山，如文殊道場清涼山北五臺，普賢道場峨嵋山，觀音道場南海普陀山，陝西終南山等，乃至「無剎不現身」的觀音道場，可說都與淨土宗有一定的因緣。

有人說千餘年來弘傳淨土宗，教人發願生西天，莫非只教人一味專注身死之後？不是的，眾所周知，念佛有十種勝緣，只有最後一種是往生西方，其他九種都是念佛人在生前所受用的。比如印光大師教人念佛，必須「諸惡莫作，眾善奉行，敦倫盡分，閑邪存誠，信願念佛，決定往生。」其中的每一條都是教導你先要做一好人，善待眾生，才能往生。太虛大師曾著《建設人間淨土論》，其遺著更有《人生佛教》一書，所講的都是現實生活的問題，往生只是圓滿地完成此生的結果。

日本的淨土宗是中國唐善導的一派，由日本圓光大師源空宣導專修念佛，是日本此宗的開端，源空即此宗的始祖。他有弟子四人，分為四派。一曰鎮西派，由普阿宣導於築後善導寺。二曰西山寺派，由證空宣導於西山光明寺。三曰長樂寺派，由隆寬宣導於建園山長樂寺。四曰九品寺派，由覺明宣導於洛北九品寺。九品、長樂二派今已衰亡，鎮西、西山兩派尚盛。西山又分四派，鎮西又分關東三派，京都三派，而以關東派的白旗派為最盛。明治間各派合併，以知恩院為本院，所管寺院共七千兩百二十八處。現據一九五五年日本宗教年鑒記載：日本淨土宗現有十四個宗派，有八千一百九十個寺院，有大學二、學院一、專校一，共有信徒四百三十五萬七千七百一十四人，僅從這些資料即可見淨土宗今日在日本的盛況。回憶唐時善導大師所曾住的光明寺，早已陵谷變遷，人多不知其名；大師寶塔所在的香積寺，殿宇荒涼，塔已破裂。可是大師的餘光，不但普照於全國如靈岩山寺各處，且更普照於東瀛三島，由此益可證明淨土一宗的殊勝方便，尤可證明持名一法，是如何平易近人而富有感召力。一九五七年九月，以日本佛教會長高階瓏仙為首的佛教親善使節團共十六位訪問中國，曾贈送了淨土宗曇鸞、道綽、善導三位祖師的畫像，供養於三位祖師曾住過的山西玄中古寺，由此可知傳自善導大師的淨土宗在日本佛界的影響之深遠。

現狀

一、**寺址：**寺內殿宇約共占地有三畝餘。

二、**殿宇：**大殿三間，金剛殿三間，僧房三間，門樓一間。

三、**經像：**大殿供彌陀座像一尊，金剛殿三間為小學校借用，大殿東僧房一間，現為當地農業社倉庫。

四、**碑碣：**據聞寺僧所保存的碑碣尚有精刻多種，大殿前有石刻經幢高四尺許，已被風雨剝蝕，刻文全不可辨。查有關長安金石類文獻記載，這個經幢是唐太和四年十一月造。

五、寶塔：有淨土宗二祖善導大師舍利塔十一層，高十丈餘，塔底四面各二丈許，塔頂早已破裂。大磚塔南有一小塔，高二丈餘，六面塔上刻有「此處蓬萊」四字。另有一小塔，四面三層。大塔正東有一塔高約三丈，四面五層亦無文字。

正果按：〈隆闡法師碑〉曰：「自惟薄祐，師資早喪。想遺烈而崩心，顧餘恩而雨面；爰思宅兆，式建墳塋，遂於鳳城神和原崇靈塔也。」碑文所說的「靈塔」才是埋葬善導法師遺骨的塔，此塔原建於香積寺外的原上，現已渺無蹤影。碑文又云：「又於寺院造大窣堵波，塔周二百步，直上一十三級，……但以至誠多感，能事冥資，故能遠降宸衷，令齎舍利計千餘粒，加以七珍函笥，隨此勝緣，百寶幡花，令興供養。」從碑文的記敘可知，現存的善導塔是一座供奉塔，塔內封藏的舍利並非善導本人的舍利，而且並無任何文獻記載善導是否荼毗或荼毗後得多少舍利子。這千餘粒舍利是來自皇宮的饋贈——「遠降宸衷」，僅供奉在塔內，紀念善導而已。

六、僧眾情況：現住僧五人，全勞二人，餘均半勞。已入當地高級農業社，生活可以自給。

七、附記：近年來因佛教界有人向省文管會建議，請求補修祖師塔，已引起省文管會關注，並表示準備調查辦理。近聞已有負責人親往香積寺觀察一次。甚望早日設法修補，妥善保存古蹟。

綜上所述，再附一偈，以資總結。

香積淨宗古道場，善導大師有餘光。
持名一法真殊勝，流風今尚遍扶桑。

香積寺今址：中國陝西省西安市長安區西部大學城商圈

長安西湖村溫國寺（近照）

唐代實際寺遺址

附 溫國寺（實際寺）

位置

溫國寺亦名實際寺，在西安市正南方，距城約四十華里，寺臨潏水，北距香積寺五里許，屬長安縣子午區黃良鄉，全寺面積占地約二畝餘。

沿革

寺在隋朝時，本名實際寺。為薛國公長孫覽妻鄭氏捨宅所立，唐景龍元年（七〇七年），殤帝為溫王時改溫國寺。據《陝西通誌》，唐開元十五年（七二七年），大德進法師立為道場，又建佛塔。善導和尚永隆二年（六八一年）示寂於實際寺，移葬於香積寺起塔。明朝宏治壬子（一四九二年）住持智全繼修，都御史管楫有記。嘉靖三十三年（一五五四年）住持周安重修有記。清康熙十九年（一六八〇年）建雪谷敖禪師壽塔一座，高約二丈餘，計五層。雍正九年（一七三一年）建溫國堂上慈渡筏和尚壽塔一座，高二丈餘，三層。雍正十年（一七三二年）曾重修。寺內東側有「溫國寺」三字橫碑，大殿前階臺左側石條上刻有「寺之名額」四字。院內有白骨大松一株。

現狀

寺內殿宇房屋及經像法器，有三殿五間，供阿彌陀佛塑像一尊，又有銅彌陀坐像一尊，高約四尺。前殿五間，東西廊六間，均由湖村小學佔用。大殿東廊兩間，亦為學校佔用。西廊房三間，廚房一間，現住僧二人，一人有勞力。每年臘月初八佛成道日有香會。學校與和尚生活互有影響，古蹟勝地，有待整理。

正果按：據近年來的考古發掘及有關考證，對以上原稿所述溫國寺概況，茲糾正如下：

原稿所説溫國寺的現址和沿革，以及它與善導和尚的關係，顯然把清嘉慶《長安縣誌．寺觀誌》與清人徐松的《唐兩京城坊考》兩書有關溫國寺的記載混淆到一起。先看《長安縣誌．寺觀誌》的記載：「溫國寺在城南四十里潏水岸。本隋薛國公長孫覽妻鄭氏捨宅置，名實際寺。唐開元十五年，大德進法師立為道場，建塔改今寺。明弘治壬子五年住持智全維修，都御史管楫有記。嘉靖三十三年，住持周安重修，有記。清朝雍正十年，復加修葺。」首先，有關鄭氏的宅邸建在遠離大興城四十里外潏水岸的記載，本身就有些可疑。再看《唐兩京城坊考》有關西京外郭城的記載：太平坊「西南隅，溫國寺，本實際寺，隋太保、薛國公長孫覽妻鄭氏捨宅所立，景龍元年，殤帝為溫王，改為溫國寺。」兩書有關實際寺改名溫國寺的記載基本一致，但兩個溫國寺所在的地址卻相差很遠：一個遠在四十里之外的潏水沿岸，地處今日西安市長安區黃良鄉西湖村；一個在外郭城的太平坊內。據近年來的考古發掘證明，後來改稱「溫國寺」的實際寺原址地處今日西北大學校園之內，現已建立一座唐實際寺紀念亭。但上引兩則記載均無善導和尚示寂溫國寺／實際寺的記載。

據王向輝〈善導大師事蹟考〉（https://www.xzbu.com/4/view-7175059.htm）一文考證，善導大約在咸亨三年（六七二年）從光明寺移居實際寺修持。之所以離開光明寺，多少與他在光明寺講經時發生的一起自殺事件有關。事情是這樣的：善導在光明寺説法時遇到一位信徒，以下是兩人對話後發生的悲劇事件：

有人告導曰：「今念佛名，定生極樂不？」導曰：「念佛定生。」其人禮拜訖，口誦「南無阿彌陀佛」，聲聲相次，出光明寺門，上柳樹表，合掌西向，倒投身下，至地遂死。聲聞臺省。

上述信徒深信念佛即可往生極樂世界，因急於往生，竟從柳樹上縱身跳下而亡。「臺省」指政府的中央機構，也就是說，這位狂熱的念佛者自殺的事件震驚了有關當局。王文推測，這一悲劇可能與「善導從光明寺的度人轉為實際寺的修行有關」。該事件記錄在唐道宣律師所著《續高僧傳‧遺身篇》中，並無隻字敘及善導本人的死亡。但此軼事傳到後世，卻被移花接木到善導身上，以至輾轉傳抄，廣為人知，最後定格為法師本人最後的結局，甚至被奉為念佛殉道的功德之一。首先要澄清的是，善導既未勸說信徒自殺，他本人也沒有自殺。

善導是一位僧人藝術家，他不只通過說法度人，同時還熱心設計和繪製大型淨土變相壁畫，力圖以生動的圖像故事弘法度人。如上所述，他一生所畫「淨土變相三百餘壁」，龍門石窟的盧舍那大佛像即武則天指令他全權監造的。從光明寺轉到位於太平坊西南隅的實際寺，善導依舊把堅持繪製壁畫作為弘法的一個有效方式，同時也是他修行功德的內容之一。據近世觀本法師《香光閣隨筆》所述，說是善導法師某日正在他所住的實際寺畫淨土變相，忽催促僧眾儘快完成，或問其緣故，答曰：「吾將西歸，可住兩三夕而已。」過了兩天，善導忽示微疾，掩屋怡然而逝，世壽六十九，時維高宗永隆二年（六八一年）三月十四日。善導遺體隨即由他的高足實際寺住持懷惲移葬神禾原，建塔紀念。

至於明、清兩代重修碑記一再稱許的今黃良鄉西湖村「溫國寺」，何以會與唐京城內改名「溫國寺」的原實際寺混淆在一起，尚無史料可供追蹤，只有闕疑待查了。茲錄最近一則網文有關西湖村溫國寺現狀的記載如下：

民國時期寺院衰落，原有銅十八羅漢等珍貴文物被盜。「文化大革命」前尚有大殿五間、東西廊房六間，明弘治、嘉靖，清康熙、雍正重修碑記，大德進法師、雪谷敖禪師塔尚存。歷經「文化大革命」十年浩劫，寺院僅存大殿五間，明代鐵獅一對，「溫國禪寺」匾額一塊以及明〈重修溫國寺碑記〉一通。現為縣級重點文物保護單位。

（http://blog.sina.com.cn/s/blog_4bbe908d01012cii.html）

第十章

臥龍寺

臥龍寺牌坊（1906年）

位置

臥龍寺在西安市碑林區柏樹林街與開通巷之間，臨近陝西省博物館。西北距廣仁寺約七里許，東北距罔極寺約五里，南隔興隆巷即南城垣。是西安城內的首剎叢林，也是舉行各種佛教儀式的集中點。

沿革

據寺內碑文記載，寺創建於漢靈帝時（公元一六八－一八九年）。按各誌書所記，隋時名「福應禪院」。因吳道子觀音像石刻在寺，唐時又稱「觀音寺」。唐懿宗咸通至僖宗乾符年間（八六〇－八七九年），先後在寺建立石刻陀羅尼經幢，現只有一幢猶在大殿前，字跡已模糊不清。宋初有高僧慧果入寺住持，終日高臥北窗，人多呼其為「臥龍和尚」，故宋太宗太平興國年間（九七六－九九七年）更寺名為臥龍寺。元時有重修碑，字跡已模糊不清。明洪武十年（一三七七年）曾建臥龍歷史碑，明英宗正統十年（一四四五年）有頒賜藏經碑，現存上殿外東邊，碑石顯文如花朵，故人稱「開花碑」。據傳收藏有明版藏經，今已無存。明正德十六年（一五二一年），有重修殿宇碑。清咸豐二年（一八五二年）有重興十方規約碑。同治七年（一八六八年）立有臥龍歷史碑。光緒二十七年（一九〇一年），慈禧太后重修寺宇，並建石牌坊一座，現在寺門外。當時清光緒帝及太后俱在西安，西藏、蒙古屢供佛像至行在，均經詔令送臥龍寺供養，故寺內現存小型的佛、菩薩像甚多。一九三一年，朱子橋善長籌資修整寺內大殿禪堂，同時捐資購佛書多種，與西安緇素在寺創立佛學圖書館。同年西安佛界組織辛未講經會，恭請太虛大師在寺講經，當時由講經會籌資將東院整修，用做法師院。一九三三年朱子橋、井松生諸先生捐資重修西院念佛堂，現在為殯儀館借用。

據《咸寧長安續誌》云：「寺存宋版藏經。」這宋藏就是宋《磧砂藏》梵篋本。據傳此宋藏原來在開元寺、臥龍寺各存一部，後來全部收存臥龍寺，現已殘缺。一九二八年，省當局宋哲元令教育廳經手移寺存宋藏於陝西省立圖書館保存。一九三一年十月，范成法師、朱子橋善長等，發起影印宋藏事宜，在西安上海分設辦事處。一九三五年十二月，影印完竣，影印宋藏首冊第一圖片，即澄湖（古稱「陳湖」）畔的磧砂鎮延聖院遺址，以表宋藏創刻處。第二、第三圖片為臥龍寺和開元寺，以留念曾保存宋藏的兩座寺院。臥龍寺圖片內可看到寺門旁「佛學圖書館」掛牌。關於影印宋藏的經過，詳見影印宋《磧砂藏》例言內。

影印宋藏的西安辦事處設在省賑務會東院，即山東會館。據當時參加工作的居士言，原來宋藏有六千三百餘本，所有由臥龍寺移存省圖書館的經本約八千本，雖多於原數，其實除重複本外，只有五千餘本，尚短近千本。由范成法師在京、滬、山西各地公私藏經處，尋得原本，仍有極少數無法覓得的，只有以元代版本補充。其實，這《磧砂藏》由宋理宗紹定四年（一二三一年）開始募刻，至元英宗至治二年（一三二二年）始完成，經歷九十二年，故元版也無異於宋版。抗戰期間，西京籌委會曾商同省圖書館，將宋版藏經移存漢中，以防意外。抗戰勝利後運回，仍存省圖書館。

楊虎城將軍於一九三五年委託佛化社經手，為臥龍寺佛學圖書館捐贈影印宋《磧砂藏經》全部，同年范成法師募捐給臥龍寺佛學圖書館《頻伽藏》全部，連同朱子橋善長所捐佛學圖書，臥龍寺現藏佛經相當豐富。寺內佛學圖書館在一九四一年前便已停辦。今後若能恢復，設閱覽室為佛教大眾服務，或設普通僧學校，原圖書館的所有藏書也就派上了用場。

臥龍寺位於城內，因而市文管部門特別重視。寺內建築物在一九五二年已全面修整。

佛教宗派

自唐末禪宗盛行全國各地，所有講寺和律寺大都改為禪林，包括臥龍寺在內的長安城各寺院也不例外。臥龍寺雖繼承臨濟宗風，但同時也沿襲某些講寺的傳統。一九二二年以降，多次請妙闊法師講《唯識三十頌》、《楞伽經》等佛典。一九三一年請太虛大師講《金剛經》，一九三二年由慈雲法師講《圓覺經》。一九四二年後，朗照法師住持該寺，歷講《楞嚴經》、《法華經》等。寺內有念佛會，每月朔望定期集眾念佛。就臥龍寺現在的具體情況而言，可稱為市區內一個各宗並弘的道場。

國際關係

臥龍既非中國佛教各宗祖庭，亦非歷代譯經道場，向與國際無特別的關係。一九四九年以來，寺主朗照法師曾兩次出國訪問。第一次是在一九五三年十月八日，朗照以西北總團西安分團團員的身份，隨同中國第三屆赴朝慰問團，前往朝鮮慰問中國人民志願軍，在開城時曾訪問摩天嶺佛教寺院僧眾。第二次是在一九五六年四月十七日，朗師隨同中國佛教代表團前往緬甸，參加在緬甸舉行的第六次結集佛經圓滿典禮和佛涅槃兩千五百年紀念大會。六月間，中國佛教代表團將佛牙迎回中國雲南昆明以供當地佛徒瞻拜。郎照法師回到北京，又組織佛牙護侍團，先後護送佛牙到德宏自治區供崩龍族、傣族、景頗族佛教徒瞻拜一月零兩天，八月下旬到臨蒼專區耿馬自治縣、傣族哈瓦族自治縣、麗江藏族、納西族自治區，供當地各族佛教徒瞻拜。十月又護送佛牙到西雙版納地區供傣族、布朗族、愛尼族瞻拜。最後於十一月間護送佛牙回北京。

這兩次國際活動，不但對國際和平友好有重大意義，在國際佛教團結關係上也起了相當作用。且雲南傣族與緬甸傣族原是同種民族，他們也都承傳巴利文系佛教，信奉佛教的根本教義，雲南各族間的佛教活動與南亞地區的佛教有著密切的關係。

現狀

一九四九年以來，臥龍寺內各殿宇得到的整修較優於其他各寺，茲將現狀略述如下：

一、**寺址**：全寺面積佔地約十五畝二分九釐三毫，寺內分三院：東院佔地約四畝半；西院佔地約四畝半；中院佔地約六畝餘。

二、**殿宇**：東院分兩段，南段被開通巷小學佔用作操場，北段有房屋十四間，原係寺內禪堂，後為陝西省工會和文物管理委員會佔用八間。其餘六間留歸寺僧使用，三間做貯藏室，三間做磨房。禪堂已移至中院。文管會於一九五七年八月遷出，所用房屋已交還寺內。中院由南大門內向北進深，直通到最後法堂大殿。山門五間。北進：東邊三間原係祖師殿，西邊三間原係菩薩殿，現均無像。金剛殿三間居中，內有四大天王像，韋陀伽藍像。西邊門各兩間。東邊客堂五間，小寮三間，大寮廚房三間，禪堂三間，庫房三間，侍寮三間。西邊客堂五間，殿主寮三間，醃菜房三間，祖堂三間，寮房四間，客廳三間。再向北進深：居中為大雄寶殿五間，中有釋迦佛、文殊、普賢菩薩像，後有地藏菩薩像，兩邊有二十四諸天像，均泥塑。藥師殿三間，有藥師佛像，現做講堂和五觀堂。上殿法堂三間，中供銅胎佛像三尊，另有小型佛像甚多。上殿西邊大室一間，東邊大室三間，後邊有廁所一間。西院：在北邊有大殿三間，原係念佛堂，供木刻大型西方三聖像，其餘大小房屋共十二間，均係寮房。西院已於一九五五年供給西安市殯儀館用，立有合同，為期五年，期滿續借與否，由雙方協商決定。殯儀館用寺房無租，但寺內電燈費和前年修理費約六七百元，均由該館支付。現在西院房屋除原有者外，新添各房均為殯儀館建修。在合同內規定，該館將來遷移時，各新修房屋無條件歸寺內。

三、**經像**：藏經：現有影印宋《磧砂藏》全部，收錄佛典一五三二部，共計五九一一冊，六三六二卷。有《頻伽藏》全部，收錄佛典一九一六部，共計四一四冊，八四一六卷。另有前佛學圖書館所購佛學書籍兩架。

佛像：在大殿法堂各處所有佛像外，另有小型佛菩薩像約一五六尊：韋陀伽藍木刻像二。千手千眼大悲觀音銅像一。韋陀銅像三。銅佛像十一。白石觀音像二。梁大通元年冉伯龍為父母作功德造銅佛像一。小護身佛菩薩像共一三一尊。朗照法師一九五六年由緬甸請回的白玉佛像四尊。

四、碑碣：佛足跡碑。唐吳道子畫觀音像石刻碑。明洪武十五年臥龍歷史碑。明英宗正統十年頒賜藏經碑。明武宗正德十六年重修碑。清咸豐二年重興十方規約碑。同治七年臥龍歷史碑。清光緒二十七年太后捐銀千兩重修碑。民國三十五年（一九四六）傳戒碑。另有唐咸通及乾符時石刻陀羅尼經幢，字跡已不明，又有元代碑，字跡亦不明。

五、文物：寺內有十種名貴古物：（一）貝葉經，印度原物。（二）佛足跡碑；（三）唐吳道子畫觀音像；（四）梵唵字碑，唐義淨由印度帶回的梵字。（五）五色玉大香爐。（六）銅胎佛像。（七）韋陀像，一般稱活韋陀。（八）無眼鐘（宋咸平六年造）。（九）開花碑。（十）八角大楞頂石，太極圖石，古錢石（宋）。

六、僧眾組織：依佛教《百丈清規》規定組織，由朗照法師任方丈。下設客堂（知客、知眾、僧知、照客）、庫房（督監、監視、內副寺、外副寺、知事、監收、庫火、典房）、禪堂（派納、悅眾）等四大寮。遠徹為知客。

七、僧眾生活：寺中約二十餘人，常住僧約十餘人，其餘的人參加西安市佛教高級農業生產合作社，朗師是市政協委員，市人民代表，中國佛教協會理事。

綜上所述，再附一偈，以作總結。

西安首剎推臥龍，佛教各宗方便弘。
文物豐富成寶所，應儲龍象振宗風。

臥龍寺今址：中國西安市碑林區鐘樓商圈

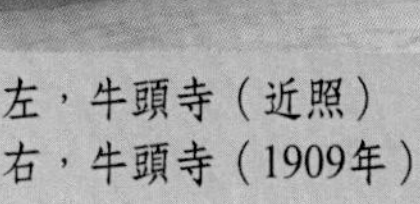
左，牛頭寺（近照）
右，牛頭寺（1909年）

附　牛頭寺

牛頭寺在西安城南韋曲少陵原動蔭坡上，距西安城約二十五里。唐貞觀六年（六三二年）創建。南對神禾原，俯視華原川，終南擁翠，近接咫尺。唐司空圖〈牛頭寺〉詩曰：「終南最佳處，禪誦出青霄，群木沉幽寂，疏煙泛泬寥。」寫出了牛頭寺環境的清幽。寺內有唐乾符六年（八七九年）所製陀羅尼經幢矗立殿前，八面刻字，沙門詞浩所書。宋太平興國年間（九七六－九八三年），改名為「福昌寺」，元祐元年（一〇八六年）復名牛頭寺至今。另有金大定九年（一一六九年）所立〈守護法藏戒文碑〉，碑額刻有畫像。明嘉靖五年（一五二六年），在寺南建成杜工部祠，後來移建於寺東院。明慶隆五年（一五七一年）至清末迭經整修。清光緒年間，臥龍寺方丈東霞禪師曾增修山門、佛殿和左右廊廡，殿內的佛像似為明代所塑，今尚完好。寺內有龍爪槐、四季柏，相傳為唐代所植，花木蔥郁，綠蔭掩映，饒有唐時遺韻。一九三一年，太虛大師蒞臨陝西弘法，曾有〈辛未陝西雜詠〉八首，其中有「杜順清涼塔尚留，華嚴禮罷禮牛頭」之句。

牛頭寺原為臥龍寺下院，一九四九年之後，寺僧出走後無人住持，目前全寺暫充公用。東院的杜公祠經重修已煥然一新。只盼有僧人早日住寺，承傳宗風，延續香火。

第十一章

罔極寺

罔極寺大雄寶殿（1951年）

位置

罔極寺在西安市碑林區東關炮房街路北，座北向南，地勢居高。西南距城內臥龍寺約五里，西距城內西五臺安慶寺約八里。該寺是今日西安古剎中唯一的尼寺。

沿革

寺創建於唐中宗神龍元年（公元七〇五年），乃太平公主為紀念母后武則天而修建的寺院。《詩經・小雅・蓼莪》：「父兮生我，母兮鞠我……欲報之德，昊天罔極。」「罔極」是無窮盡的意思，特指人子對其父母的無窮哀思。其時武后初逝，公主欲表其報答慈母之恩，故名寺曰「罔極」。

據《佛祖統紀》，沙門慧日遊印度歸來，住在罔極寺弘揚淨土宗。按照《淨土聖賢錄》所述：慧日俗姓辛，東萊（山東煙臺一帶）人，生於唐高宗永隆元年（六八〇年），唐中宗時得度出家。他很早就仰慕義淨三藏的西行求法之舉，於二十三歲時乘船渡海，歷經南洋各島，三年始達印度。慧日在印度禮謁佛陀聖跡，尋求梵文經典，參訪善知識，十三年中歷盡艱辛。因厭煩佛教各宗派的繁瑣學說，亟望求一有樂無苦，便於速成的佛法。他遍訪印度諸大德，多被告知，可專修淨土法門。後來他輾轉來到北印度健陀羅國，城外有山，山上有觀音像。他以頂禮聖像，斷食畢命祈請，終於在第七日之夜感召觀音現紫金色相，為他摩頂開示曰：「汝欲傳法，自利利他，唯念西方極樂世界阿彌陀佛，發願往生。到彼國已，見佛及我，得大利益。汝當知淨土法門，勝過諸行。」。慧日遍遊天竺七十餘國，凡歷十八年，於開元七年（七一九年）始歸長安，向朝廷呈獻佛像與經典，玄宗敕賜他「慈愍三藏」之號。此後慧日常住罔極寺勤修淨土，勸贊念佛，著《往生淨土集》三卷，大布教化，宣導一時。慧日法師於天寶七年（七四八年）示寂，世壽六十九，臨終時「見蓮花在前，狀如日輪」。

開元二十年（七三二年），罔極寺改名「興唐寺」。歷經宋元，至明正統八年（一三三四年），住持蒲桂重修，僉事四明張楷撰文並隸書立碑，碑陰刻有罔極寺圖。可見「罔極」這個寺名，歷代沿用，直到今天。寺東空院處有喇嘛塔兩座，白石結構，均建於清代。一九三〇年，寺內大殿後佛殿毀於火，至今未能重修，後來在原處搭蓋普通房三間。大雄殿內佛像三尊，相好莊嚴，據云為明代風格，又有傳說乃唐代造像。

為建立西安本地尼眾駐錫之所，更便於外來尼眾掛單，經西安佛教會建議，國民政府於民國二十三年（一九三四年）改罔極寺為尼寺，並立有碑碣，表明該寺為比丘尼常住叢林。當時曾將全寺修整，並添應用廁所等房屋，補充一應用具。其時監工人是李潤用，所用款項全由華洋義賑會李潤芝經手籌助。查唐時京城內寺院分佈，僅尼寺即有三十餘處。這些尼寺既有由僧寺改成者，也有後來改為僧寺者。總而言之，寺院乃佛教出家二眾分別駐錫之地，改來換去之事，向來都是常有的變通。

罔極寺初改為尼寺時，先是由一雲南老尼住持，後來則由廣東老尼能修住持，兼領導西五臺尼眾。能修尼師後南遊，圓寂於江蘇崑山集慶庵，火化時有舍利，其事蹟曾見佛刊記載。現住寺尼眾中的住持人即屬能修師一脈。一九四九年以來，受宗教文物管理部門關注，寺內殿堂房舍大致有所修整，從前佔用罔極寺前半院的小學校也已移出。罔極寺現成為西安市比丘尼靜修的唯一道場。

佛教宗派

此寺在西安並非任何一宗的祖庭，也與各宗無顯著的承傳關係。僅就慈愍法師駐錫罔極寺，專倡淨土宗的事蹟來說，在唐代長安，他的弘法功德也差可與駐錫實際寺和香積寺的善導和尚相輝映。此外，清康熙二十九年（一六九〇年），寺內建成喇嘛塔，可見該寺內也曾一度弘揚密宗，應屬藏密黃衣派。當時西藏黃教宗喀巴大師一派正在盛行，城內名曰「廣仁寺」的喇嘛寺即創建於清康熙年間。前寺住持能修老尼曾久住九華山地藏菩薩道場，她在罔極寺發起過紀念地藏的七期道場，多次舉行地藏法會、盂蘭盆法會和觀音法會。《地藏經》是釋迦牟尼佛在忉利天宮為生母摩耶夫人說法時所講，佛在經中讚揚了地藏菩薩「地獄不空，誓不成佛，眾生度盡，方正菩提」的宏大誓願。地藏往昔曾兩次現女身而救母。《盂蘭盆經》是佛教的一部「孝經」，主要講述「目連救母」的故事。這一方面的教義均與罔極寺的創建因緣密切相關。應該指出，孝敬報恩也是佛家的一條戒律，不孝便是犯戒，《大方便佛報恩經》講述的就是這一道理。此外，自從《觀世音菩薩普門品》譯介傳播中國以來，觀世音信仰在華人信眾中最為普及和流行，觀世音多見女身相，盛弘觀音法，尤以尼眾為主。淨土念佛法門普被上中下三根，尤適合於女界，且可遠紹罔極慈愍三藏的遺風。蓮宗十三祖印光大師留言，念佛人必須「諸惡莫作，眾善奉行，敦倫盡分，閑邪存誠。」若人人如此做人，就可能率先實現人間淨土。

國際關係

唐代留學印度取經回國的大德，以玄奘、義淨兩法師最為昭著，在繼起的追蹤者之中，慧日法師應屬一重要人物。玄奘留印往返十七年，義淨往返二十五年，慧日法師則往返十八年。慧日回國後駐錫罔極寺，專弘淨土宗。今罔極寺既已改為尼寺，有關尼眾緣起、尼寺創立和尼戒的承傳，可順便略述如下。

釋迦牟尼成佛後初住鹿野苑，開始為憍陳如等五人說四諦法，五人開悟，離垢證果，成五比丘，這是世間有比丘的開始。後來佛允許他姨母摩訶波闍波提（譯言大愛道）出家，於是世間始有比丘尼；又令大愛道先接受八敬法，於是尼戒始立八戒法。此後佛為提韋、波利二商人說五戒十善，又為耶輸伽的父母等人說戒，因此世間始有優婆塞、優婆夷，即男女居士。綜上所述，可知佛在世時即為此四眾弟子——僧、尼及男女居士——制定好了應守的戒律。

佛教於漢明帝東平十年（六十七年）傳到中國，先有第一個僧寺白馬寺。永平十九年（七十一），始有司空劉峻等兩百六十人，京師士庶張子尚等三百九十人，後宮陰夫人、王婕妤等宮人一百九十人請求出家，於是中國始有比丘、比丘尼。當時皇帝敕創建十佛寺於洛陽，七寺在城外安置僧眾，三寺在城內安置尼眾，並為他們提供修行和生活費用。這是中國有尼眾並有尼寺的開始。但直至曹魏嘉平二年（二五〇年），由天竺三藏曇摩迦羅在洛陽譯出《僧祇戒本》，立大僧羯磨受戒法，僅允許僧眾率先受戒，尼眾尚不能隨同受戒。晉穆帝升平元年（三五七年），僧建請曇摩竭多於洛陽，依《僧祇尼羯磨》及《戒本》建立戒壇傳戒。當時沙門道場以《戒因緣經》為難，認為他傳戒結界不合法。曇摩竭多遂浮舟於泗水結壇，洛陽竹林寺淨檢尼等四人始與僧眾一同於此壇從大僧受具足戒。其後劉宋元嘉六年（四二九年），獅子國（即今錫蘭）比丘尼八人來度，又有尼鐵索羅三人來，人數足夠十眾，乃請僧伽跋摩為師，為景福寺尼慧果等人於南林戒壇，依二眾重受具足戒，度三百人。這是中國尼眾正式受具戒的開始。比丘與比丘尼所受戒條不同，比丘受二百五十條戒，比丘尼則要受三百四十條，而且還有另外的八敬法，故僧尼在受戒上的限制似乎顯得不太平等。其實這是基於男女的生理狀況有所不同，佛陀從愛護女眾著想制法，因而增設了一些特別加強的戒條，出發點並非歧視，而是別有關懷。現在有些佛教國僧尼衣著都有分別，如在泰國、緬甸，男僧纏以黃布，尼眾纏以白布，在中國則僧尼著裝的大衣及五衣均似無明顯的分別。有一種說法，僧所居處為寺，尼所居處為庵。其實僧與尼所居處的名稱並無此明確的區別。查唐代長安城內的尼眾所居處均以「寺」稱，以「庵」名尼眾所居處，顯係後來的演變。

現狀

一九四九年以來，西安的很多古寺都在文管部門關注下經過整修，罔極寺也在受到關注的範圍內。茲將寺內現狀略述如下：

一、**寺址：**寺在東關炮房街座北向南，佔地二十八畝餘，南臨街，北牆外即大路。

二、**殿宇：**南向的山門三間，再北是一大院落。東西鐘、鼓樓各一間。東邊客堂寮房六間，西邊寮房六間，廚房一間。再北向進深，有大雄殿五間，大殿後睡佛殿三間。東邊有房三間，東偏院有房三間。另有東小院上房三間，東西廈房各兩間，廚房一間。又東邊有鞍間房共十一間。西偏院有房四間，臨街有房一間半。總計殿宇及大小應用各房共約六十間。

三、**經像：**大殿中有法身、報身、應身三佛像，中是釋迦佛像。西邊有迦葉、阿難像、及散花菩薩像三尊。西邊有觀音、地藏像，又東有韋陀，西有伽藍像。後殿有石睡佛像，有六朝石刻佛像一尊，高三尺許。寺內無藏經，惟有日行課本及零部佛書。

四、**碑碣：**碑有六種：大殿後有明正統八年（一四四三年）三月重修碑，碑陰刻有罔極寺圖。睡佛殿東邊土牆上鑲有重修殿宇碑記，明嘉靖四年（一五二五年）七月立。西邊鑲有重修碑記，清同治十年辛未（一八七一年）小陽月立。另有清乾隆五十四年（一七八九年）重修碑。道光三十年庚戌（一八五〇年）復立重修碑。民國二十四年所立改寺為十方尼眾叢林之碑。

五、**祖塔：**寺內東邊空院，有喇嘛塔兩座，南邊塔高約八尺，清康熙二十九年庚午仲春立。北邊塔高約一丈八尺，石刻大恩師喇嘛金羅漢禪塔實行碑，係清××（二字已毀，疑是「康熙」二字）四十一年立。

六、尼眾組織：仍用佛教傳統清規，有住持、監院等職名，聖蓮任住持，增一任監院，常住尼眾八人。

七、生活情況：尼眾三人已參加西安市第九縫紉合作社，由增一領導。其餘各人多在寺內空地合力種植蔬菜，生活均有相當改善。

八、政府照顧：一九四九年以來，政府組織寺內尼眾參加生產活動。先是代購縫紉機，並請技師教導尼眾學習縫紉技術，後來由公家指導協助，成立第九縫紉社，尼眾收入有所提高。住持聖蓮也參加政治活動，任西安市人民代表，並任中國佛教協會理事。

綜上所述，再附一偈，以作總結。

公主為報罔極恩，創建伽藍廣福因。
改作尼寺殊相應，當學慧日拜觀音。

罔極寺今址：中國陝西省西安市碑林區交大商業街區炮房街49號

西五臺（近照）

舊西五臺

附　西五臺（雲居寺）

西五臺原名雲居寺，在西安市蓮湖區玉祥門內。北距廣仁寺二里，東距東關罔極寺約八里。舊《長安縣誌》載：「臺本唐西南城牆故址，清順治年就此建寺」。陝甘總督鄂海碑記云：「西五臺在城西北隅。是臺基於唐，創於宋，屢葺於明。有禱必應，六月大會，歲以為常。」詳考該寺沿革，先是在唐代沿宮城南牆舊址（唐京城廣運門西）起伏地勢建成高臺，殆及宋代，又在高臺上創立寺院。初名「安慶寺」，至明代，又改稱「雲居寺」。寺內正殿是明代秦王所建，五座高臺，由東而西，一座比一座高，每臺都建有佛殿，最後一臺（第五臺）是大士殿，建築形式均採「硬山式」。因為終南山有南五臺，就將此臺名曰「西五臺」。清康熙年戊戌（一七一八年）重修，由三天門拾級而升，層臺紺閣，陳列左右。正殿內有佛涅槃吉祥睡像（又名臥佛）及十八羅漢像，都是明代雕塑名手作品，現在五臺僅有三臺完整。

前臺五大菩薩：臺上有殿五間，塑菩薩像五尊。臺前有大殿三間，中供釋迦牟尼像一尊，兩旁有文殊、普賢兩菩薩像各一尊。有靈應臺，臺上有觀音殿一間，塑觀音像一尊，臺下背後有韋馱像一尊。山門六間，大殿前左側有康熙三十一年（一六九二年）重修碑一座。

後臺菩薩殿五間，供大悲觀音菩薩三尊。大殿三間，塑地藏王像，涅槃佛像及十大弟子像，外有彌勒殿三間。

中臺上地藏殿三間，塑地藏像一尊。臺前有觀音殿一大間，塑觀音像一尊。臺上有清康熙戊戌年（一七一八年）陝北總督鄂海捐俸重修碑一。民國二十四年（一九三五年）重修碑一。前臺住持為比丘尼聖參。後臺住持為比丘尼經文，中臺住持為比丘尼仁慧。三台共計比丘尼眾十七人，內六人參加縫紉合作社，其餘都參加糧食局縫面袋工作，政府按生活實際情況予以照顧。西五臺為西安市比丘尼眾靜修的主要道場。現在三臺均已凋殘，最近因雨，前臺大部分塌倒。中臺崩裂，均急需修理，保存此古蹟名勝。

現在西五臺由東關罔極寺住持聖蓮尼師兼顧協助。

第十二章

廣仁寺

廣仁寺大理石缸（1959年）

位置

廣仁寺在西安城內西北隅，習武園教場旁，西北兩面，毗連城垣，位於蓮湖區西北一路的西端。東南距臥龍寺約七里，南距西五臺約二里。雖處市內，較遠塵擾，寺門內外，相當幽靜。

沿革

寺創建於清康熙四十四年（公元一七〇五年），係敕建，有御書「慈雲西蔭」匾額，並有御製碑文。這是西安唯一的藏密黃教佛寺，俗稱喇嘛寺。康熙年間，西藏盛行黃教，歷來藏區活佛喇嘛赴京路過陝西，均來該寺瞻禮。

黃教教主宗喀巴大師，法名羅桑扎巴（譯言善慧），生於元至正十七年丁酉（一三五七年，藏曆第六繞迴之火雞年）。因他出生在青海宗喀地區（即今塔爾寺），故尊稱為宗喀巴。他十七歲前往衛藏，先在極樂寺依吉祥獅子學習《現觀莊嚴論》。次到後藏，從寶勝大師、末底班禪大師等受學深法，後至覺摩囊寺從尊勝大師學六加行法（時輪法），從那塘的慶喜祥大師學習《現觀莊嚴論》，從若達瓦童慧大師學習《中觀》、《現觀莊嚴論》等。後回前藏，從覺摩隴寺的慧明律師學戒律，從措勤寺住持戒寶律師受比丘戒，從布敦大師高足法勝（或譯法祥）大師受學《時輪金剛大疏》，從童福大師學布敦所傳一切密法。後來遇到喇嘛中觀師，請問中觀正見，曾閉關專修，獲得中觀甚深空見。又從住持迦當派教授的法依賢和虛空幢兩位大師，受學阿底峽尊者傳來的「菩提道次第教授」。宗喀巴大師，如是學，如是行，終於得大成就，創造了他自己一整套佛學體系。針對當時戒行廢馳的流弊，他首先提倡戒律，親自與徒眾穿割截衣，捧缽持杖，少欲知足，清淨自潔。宗喀巴堅信，大眾的願行根本在於發菩提心和持菩薩戒，因而撰寫《菩薩戒品釋》，率領徒眾，切實履行菩薩學處。因修行密法，必須如法依止善知識，嚴守三昧耶戒，方有成就，大師於是造《事師五十頌釋》，為學密法的徒眾講授「密宗戒」。為詳細說明從凡夫到成佛這條路上循序漸進的修行步驟，他又著《菩提道次第廣論》。針對好高鶩遠等偏缺之弊，他更著《密宗道次第廣論》。這兩部書是他的代表作，體現了他的思想體系，也是他創立格魯派的理論基礎。明永樂七年（一四〇九年，藏曆土牛年），宗喀巴在拉薩創建了甘丹寺，擔任首位法臺；並在帕竹地方政權的支持下，在拉薩召開了有近萬名僧人參加的祈願大法會，這標誌著藏傳佛教格魯派的正式創立。而甘丹寺也被奉為格魯教派的祖庭。永樂十七年己亥（一四一九年，藏曆土豬年），宗喀巴大師示寂於甘丹寺，時年六十三歲。

康熙三十九年（一七〇〇年），頒廣仁寺藏文藏經（甘珠爾）全部。康熙四十五年（一七〇六年），重修明藏，又頒該寺漢文藏經全部和藏文藏經一百零七包，其中第一包內是總目錄，用漢藏滿蒙四種文字。重修明藏有御製新刊續入藏經序，共計續入四十一函，共四百一十冊，總六千七百七十卷。

辛亥革命時（一九一一年），廣仁寺一度被理門公所佔據，不久即恢復為喇嘛寺。現寺內有大理石缸，外面刻蓮花紋，缸口徑約三尺，高三尺餘。石缸內壁有「蓮花寶甕供奉大崇聖寺佛前」等銘文，乃乾隆時為崇聖寺所造。辛亥年理門公所佔據該寺時，此石缸被從崇聖寺移到廣仁寺。

附言

崇聖寺在西安西關外，乾隆時由陝西巡撫畢沅重興，修建殿宇，並建五百羅漢堂，有畢沅自撰並書的豐碑。當時殿宇三百餘間，據寺碑云：「當時招提之勝，甲於海內。」據各誌記載，崇聖寺在隋是「濟度尼寺」，唐名崇聖寺，在京城內義寧坊，明改為「崇仁寺」，清乾隆時復名崇聖，道光以後，又名「崇仁」，又稱「金勝寺」，或稱「西寺」。相傳唐玄奘法師由印度取經返回，在崇聖寺曬經，故地方上俗稱「晾經寺」。唐時常在寺內為新進士設櫻桃宴。寺內北部舊有佛牙閣。在乾隆後，崇聖寺曾出

崇聖寺遺址石坊1922年

兩位大德。一位是奇峰上人，有詩集；一位是止水禪師，有語錄。崇聖寺在清末已完全荒廢，據《長安史蹟考》作者足立喜六親眼所見：「同治年間，痛遭回亂，致淪荒廢。所餘者，除小堂宇與山門外，僅見有萬曆二十年（一五五二年）所建『祇園真境』四字之精巧，與乾隆時所造白大理石之大水盤，及頹廢若扇狀之磚壁、花崗岩柱礎、石碑五方而已。就中石碑之一即傳自唐代之〈大秦景教流行中國碑〉也。」崇聖寺久已荒廢，因提及來自該寺的石缸，順便述及，略表其歷史價值。

廣仁寺內大殿有佛像三尊：中間是綠度母像，銅質鎏金，乃莊嚴絕倫的唐像；左側是一髻天母像，唐代木質；右是巨光天母像，唐代木質，三尊像均由開元寺移來。這寺門外城牆根藏有大量火藥，一九三一年某日，忽然爆炸，聲震全城，寺門外樹木被轟折，寺內殿宇屋瓦等被轟落，方丈室被轟倒，幸好未損及佛經佛像，當時即由楊虎城主席助款修復。一九四九年之前，寺內常駐軍隊，時有損壞。一九五二年政府撥款整修，殿宇均已煥然一新。經寺住持關達喇嘛努力爭取，應用器物多有補充，設備齊全，初步具備接待嘉賓的條件。近年達賴、班禪額爾德尼兩大師過陝，曾在寺內受到歡迎，且由班禪大師為眾說法。喜饒大師近年來也多次光臨該寺講經，與四眾普結法緣。

寺中每年十月廿四、五兩日舉行紀念宗哈巴大師成道日燈會，香火特別旺盛。近年來聚會日更有圖片展覽，藉以宣傳時事政策。

佛教宗派

廣仁寺承傳藏密，屬於宗哈巴大師黃教一脈，現將藏密的宗派源流簡述如下。西藏在佛教未傳入前即有其本土的原始宗教——苯教。苯教並無系統的理論可言，通常多慣用咒術制止風雨，降服猛獸等自然災害，佛教傳入後始逐漸有所改革。藏人的風俗最易接受密咒，這一特有的文化習性為佛教密宗的傳入和流行鋪墊了有利的條件。據西藏古佛教史記載，大約在中國東晉時期，即有五位梵僧入藏，被藏王多里隆贊奉為國師，那「六字大明咒」——唵嘛呢叭咪吽（梵文：ॐ मणिपद्मे हूं / oṃ mani padme hūṃ；藏文：ཨོཾ་མ་ཎི་པདྨེ་ཧཱུྃ། / om ma ni bai me hum）——即在那時傳入西藏。佛教從中國方面波及西藏，則是在文成公主和親吐蕃，嫁藏王松贊干布的唐太宗貞觀年間，這是眾所周知的歷史。當時公主由長安帶去經像及僧人，所帶佛像至今猶供在拉薩。後來在唐肅宗時，又有金成公和親吐蕃，嫁給藏王赤德祖贊，公主亦信佛，藏王遂發願弘揚佛法。其後藏王赤松德贊從印度請來蓮花生大士，與唐時由印度來長安傳密教的開元三大士宗脈相同，蓮花生大士也以龍智菩薩為師承。據傳他入藏後顯示諸多神異，禳除各種災害，藏人無不尊崇信仰，從此便定密教中蓮花部為西藏國教，尊蓮花生為教主。因蓮花生大士的教徒皆著紅衣，故亦稱紅教。經宋至元，紅教日益擴展。藏傳佛教在元蒙時代發揚光大，影響到藏區以外，應歸功薩迦派的八思巴上師。八思巴出身貴族之家，他天生聰敏，自幼即顯示過人的智慧。一二四〇年，蒙古大汗窩闊台之子闊端派兵攻入西藏。一二四四年，八思巴的伯父薩迦班智達以薩迦派教主的身份應召赴涼州與闊端太子談判，年幼的八思巴從行。薩迦班智達去世後，十七歲的八思巴繼位，當上了薩迦教派的法主。一二五三年，八思巴在蒙古大軍兵臨六盤山之日再次與忽必烈見面，他不但說服忽必烈，阻止了蒙軍對西藏的進犯，而且讓忽必烈接受了他所授的灌頂法，並深得其敬佩。後來他又介入佛道兩教在忽必烈面前展開的激烈爭辯，機智獲勝，震驚全場。忽必烈即帝位後，封他為國師，任命他統領天下釋教。八思巴最值得一提的功業是應忽必烈之命，創制成以藏文字母為基礎的蒙古新字，元世祖下詔頒行，這種八思巴文從此成為元代的官用文字。元世祖晉升八思巴為帝師，封號「大寶法王」。此後，八思巴返回薩迦，自任薩迦法王，任命本欽釋迦尚波統領西藏十三萬戶，是為薩迦派在西藏實行政教合一的開端。薩迦派也由此成為元蒙在西藏統治的代理人，從而奠定了一二七九年以後元朝中央對西藏地方行使行政管理的基礎，西藏從此正式納入元蒙朝廷直接管轄。八思巴去世後，薩迦派高僧繼任由他開啟的帝師職位，一直延續到元朝滅亡。而隨著帝師制的終止，薩迦派的勢力及影響也日漸衰落。

宗喀巴大師於是應運而起。他嚴整戒律，改革紅教所有流弊，黃教隨之大行其道。五百餘年來，前後藏、內外蒙古、滿州以及西康、青海，皆黃教流布地區。黃教與紅教表面雖有區別，其宗義並無本質上的差別。佛教密宗的人生宇宙觀是六大緣起，所謂六大，就是地、水、火、風、空、識，其中地水火風空五大，是色法，即物質，識大是心法，即思維。六大中五大是物，一大是心，可知物的分量居多，但六大和合緣起，也可說是心物統一論。此外，密宗有用圖像表示其教理的兩部曼荼羅，即金剛界與胎藏界。金剛有堅固不壞義，詮差別義。胎藏有攝持含藏義，如母胎攝藏嬰兒，詮平等義。胎藏表眾生本具的理性為因，金剛界表觀行成功為果。這兩部攝盡宇宙萬有，而實具於眾生心中，即眾生心中的本德。能證此德，即身可以成佛。六大中的識大屬金剛界，其他五大則屬胎藏界。其實金胎為一，色心不二，無一非六大所造。故密宗的修持必須三密相應，一是身密手結印契，二是口密誦咒，三是意密作觀。若能三密相應，依法修行至功行圓滿，便可即身成佛。

佛教各宗均以成佛為最終目標，禪宗堅信「見性成佛」，淨土宗修持「往生後成佛」，密宗則特標「即身成佛」。有關緣起的論述，華嚴宗持「法界無盡緣起論」，法相唯識宗持「賴耶緣起論」，俱舍宗持「業感緣起論」，密宗則持「識大緣起論」。諸宗儘管各有所見，紛呈異彩，但最終還是殊途同歸的。

國際關係

佛教由印度南傳和北傳，可分為三大文系。南傳於錫蘭，以錫蘭為主，分佈於緬甸、泰國、越南及中國雲南傣族各地，向稱巴利文系。北傳於中國，以中國為主，分佈於朝鮮、日本等地，向稱華文系。向北直傳於西藏，以西藏為主，分佈於內外蒙古等地，向稱藏文系。巴利文系向稱小乘佛教。華文系大小顯密兼弘。藏文系雖攝各顯教，但以盛弘密教為主。在佛滅後八百年頃，所有密教原是由龍樹菩薩仰承金剛薩埵而弘傳的，後傳於龍智菩薩。由龍智一方經蓮花大士直接傳入西藏，是為藏密。由龍智一方經善無畏、金剛智、不空三大士入唐，在長安各地傳密，是為中密或唐密。由不空三藏的弟子惠果阿闍黎傳於日本，再由空海在日本高野山建立密宗本山，是為東密。上述三系密教，名雖不同，其宗義如六大緣起，金胎兩部曼荼羅，則大體相同。

廣仁寺是藏密的一脈，大興善寺是中密或唐密的祖庭，青龍寺是東密的策源地。興善寺等各祖庭是華文系，廣仁寺是藏文系，雲南傣族區是巴利文系。大興善寺曾主辦過巴利文學院，與巴利文系亦有因緣。西藏、雲南都是中國地區，廣仁、興善、青龍均屬位於西安的佛寺，以佛寺為基地的三大文系與三派密宗因緣際會，都匯流於中國而統攝於西安，這正是西安諸佛寺在佛教史上非同一般，而有待闡發的重要地位了。

清末民初，中國佛教界和不少知識份子東往日本，曾留學於高野山學習東密。著名的居士有桂念祖、王弘願，著名的僧人有顯蔭、大勇、持松等法師。也有西入藏地，在拉薩學習藏密者，如能海、法尊、超一諸法師。他們學成後多返回內地，弘揚傳授其所學，故中國各省區均有信眾傳習藏密和東密，唯獨傳習唐密者十分稀少。今上海佛教界，既有金剛道場修習黃衣派藏密，也有常樂精舍修習紅衣派藏密，更有持松上師主持靜安寺內的東密壇城，更兼修唐密。

現狀

一、**寺址：**廣仁寺佔地共十六畝八分五釐。

二、**殿宇：**山門南向，共三間。門外碑樓一座，山門外，向東有大門一座。山門以東，西部菩薩殿各三間，中間中院大殿三間。東廂房三間為招待室，西廂房三間為閱覽室。大殿後有院落，再向北，有藏經殿五間，經堂三間，僧寮及廚房等共二十八間。以上殿宇僧房五十五間，均自用。東偏院以前係農院，共五十四間，現在全部出租。

三、**藏經：**寺存有康熙三十九年頒賜的藏文藏經（甘珠爾），全部是北京版，共一百零七包，內包括經律藏。（一）目錄一包，漢、藏、滿、蒙四種文字並列。（二）密部二十五包。（三）大般若十四包。（四）二萬五千頌四包。（五）一萬八千頌四包。（六）諸般若部一包。（七）寶釋部六包。（八）華嚴部六包。（九）諸品經三十二包。（十）律部十二包。（十一）八千頌一包。另存有康熙四十五年三月十八日重修明版藏經全部，按千字文記號，由天字起至史字止，共六百七十七個字頭，每字一包，十卷，全藏十三部，共六千七百七十卷。（經前在經函字頭後邊，有「大明正統五年十一月十一日」字樣，在康熙御製序後，還有原刻萬曆年代字樣。可知這經確係明版）。康熙時已續入多卷，自雍正十三年依明藏另刻，至乾隆三年完成，名《龍藏》，共七千二百四十卷。

四、佛像：寺內大殿有三像，均係唐像。東殿中間阿彌陀佛像，明代木質。左毗盧佛，泥質新造。右藥師佛，泥質新造。殿中阿彌陀佛，唐代木質。左釋迦佛，銅質印度造。右伽藍，泥質新造。藏經殿內，中間大小佛像十餘尊，皆西藏造。經堂中間有大威德像，銅造，高三尺餘。

五、碑碣：有康熙時御製碑文一座，御書「慈雲西蔭」匾額，另有大理石缸一個。

六、僧眾組織：寺中依照藏族藏密，用藏語誦經咒。由蒙族闞符清達喇嘛領導，由楊宗仁喇嘛等分任各職務。闞達喇嘛任中國佛教協會陝西代表，又任西安市人民代表，楊宗仁喇嘛已參加西安市政協工作組。

七、僧眾生活：寺有城外農田，均入當地高級社，城內地入蓮湖區綜合社，有四人參加勞動，收入增加，大眾生活均相當提高。

綜上所述，再附數偈，以資結束。

西安廣仁寺，密宗古道場。領導修藏密，喇嘛關子長。
唐文成公主，經像送西邦。悠悠千餘載，兩地共流芳。
蓮花大士後，宗喀巴法王。迄今六世紀，黃教盛弘揚。
應廣菩提道，苦海泛慈航。人間成淨土，蓮花遍地香。

廣仁寺今址：中國陝西省西安市蓮湖區西北一路152號

敦煌寺（近照）

附　敦煌寺

位置

敦煌寺在西安市城外西北，距城約十五里。最初的寺址在漢長安舊城青門外。東距城內廣仁寺約十五里，東南距大興善寺約二十里，西南距草堂寺約七十里。是今日西安殘存古剎中歷史最悠久的一座。

沿革

寺創建於西晉年間（二六五－三一七年）。據《佛祖統紀》卷三十七所記，「晉武帝太康七年（二八六年），竺曇摩羅剎（譯言竺法護）來長安青門，譯《正法華》及《涅槃》、《寶藏》等經兩百一十部。」竺法護世居郭煌，時人稱其為「敦煌菩薩」，故即以「敦煌」名這座竺法護譯經的佛寺。

慧皎的《高僧傳》對竺法護的身世及弘法經歷有詳盡的記載。竺法護本是世居敦煌的月氏（又稱月支）僑民，原來以支為姓，八歲依竺高座出家，以後便從師姓竺。他博學強記，刻苦踐行，深感當時的佛教徒只重視寺廟圖像，而忽略了西域大乘經典的傳譯，因此決心弘法，隨師西遊。他通曉西域各國三十六種語言文字，搜集到大量經典原本，全部帶回長安。從晉武帝泰始二年到懷帝永嘉二年（二六六－三〇八年），共譯出一百五十餘部經論。武帝末年，他曾一度隱居山中，隨後在長安青門外立寺修行，聲名遠揚，各地僧俗從學者達千餘人。在他的晚年，關中戰亂，他與徒眾離開長安東去澠池避難，因病去世，終年七十八歲。有一則軼事，說他隱居深山時，旁有泉水一股，是他的生活用水。有一天，一個打柴人污染了泉水周邊的土地，泉水立即斷流。法護歎息道：「人之無德，遂使清泉輟流。水若永竭，真無以自給，正當移去耳。」他的話音剛落，泉水便又湧瀉而出。這類傳說雖未必千真萬確，多少還是傳達了竺法護這類高僧非常人所有的感召力。所以東晉名僧支遁為他所作的〈像贊〉特別強調說：「護公澄寂，道德淵美。微吟窮谷，枯泉漱水。」

關於敦煌寺的沿革，寺內碑文〈聖嚴寺併入廣仁寺管理記〉有簡要的記載：晉時有敦煌菩薩譯《法華經》於此寺，隋代重修。金皇統五年（一一四五年），住持僧政公重修。金大定二年（一一六二年），賜寺額「聖嚴禪院」。明正統年間（一四三六－一四四九年），寺中住持和尚了庵法師和他的弟子性福法師相繼增修。明成化十一年（一四七五年），住持性慧、覺成二僧又增修一次。現在遺存正殿三間，山門三間，殿後有磚塔一座，高七級，磚表土心，不能登臨。

佛教宗派

佛教十宗或現行八宗，法華宗乃其中重要的一個宗派。通稱天臺宗，因其依《法華經》立宗，故稱法華宗。這一宗確立於隋代天臺國清寺智者大師，即以智者大師為開山祖師。如上所述，《法華經》是法護法師於西晉時在敦煌寺首次譯出的。後來又有鳩摩羅什和達摩笈多（譯言法密）二大師的譯本。所以唐道宣律師的《法華弘傳序》云：「西晉惠帝永康年中，長安青門，敦煌菩薩竺法護者，初翻此經，名《正法華》。東晉安帝隆安年中，後秦弘始，龜茲沙門鳩摩羅什次翻此經，名《妙法蓮花》。隋代仁壽，闍那、笈多後所翻者，同名《妙法》。三經重沓，文旨互陳，時所宗尚，皆弘秦本。」又云：「自漢至唐，六百餘載，總有群籍，四千餘軸，受持盛者，無出此經。」從上引序言可看出，《法華經》的三個譯本中，最受推崇的還是羅什的譯本。但不管怎麼說，這三個先後出現的譯本都是在長安的三座寺院完成的，譯者諸大師的先後輝映畢竟在他們譯經的寺院留下了令後世讚歎的佳話，這也是我行文中順便提及敦煌古剎之時，特別要簡介一下敦煌菩薩竺法護的用意。

國際關係

西晉時期，印度佛教傳入中國已二百年許，翻譯佛典，尚無組織。法護法師遍遊西域諸國，以一己之力取回梵文經典，他從此紮根長安，主譯經論，只能以個人關係隨約信士，私下合作，其奉獻型的操作方式與安世高、支婁迦讖兩法師的做法大抵相同。直到苻秦時（三五一年），道安法師來長安領導中外僧才，始有相當規模的譯經組織。及至姚秦時（三八六－四〇一年），羅什法師在逍遙園草堂寺譯經，始有國立譯經道場。據《高僧傳》記載，竺法護譯經之初，有清信居士聶承遠，明解有才幹，篤志弘法，曾參與竺法護的譯經工作。他協助竺法護參正文句，有筆受之功。最初竺法護譯出的《超日明經》詞句繁瑣，幸得承遠刪綴文句，乃雅順而通達，為世人所樂讀。

漢魏以來，天竺西域來華僧人的中譯姓氏多以國為姓：天竺僧即譯其姓為「竺」，如天竺人竺佛朔。安息人即譯其姓為「安」，如安世高。月支人即譯其姓為「支」，如支婁迦讖。康居人即譯其姓為「康」，如康僧會。中國沙門，大都隨俗姓，如朱士行、嚴佛調等。又或隨師姓，如道安以竺佛圖澄為師，曾稱竺道安。而竺法護原是月支人，本姓支，應稱支法護，其稱竺法護的因由，應是隨其師竺高座而姓的吧。中國僧人後來通稱釋氏，則是由道安引領的。針對僧人姓氏雜亂的情況，道安於是建議說，既然沙門以釋迦佛為本師，所有沙門都應以「釋」為姓。道安的改革性建議自有他的根據。在《增壹阿含經》中，釋迦佛曾有一段話說：

> 四大河入海已，無復本名字，但名為海。此亦如是。有四姓，云何為四？刹利、婆羅門、長者、居士種，於如來所，剃除鬚髮，著三法衣，出家學道，無復本姓，但言沙門釋迦子。所以然者，如來眾者，其猶大海，四諦其如四大河，除去結使，入於無畏涅槃城。

釋迦佛所說的「四姓」乃指印度的「種姓」，佛教的革命性在於拉平種姓制度的階級劃分，將眾生統一置於佛法庇護的平等傘之下。道安則是為求得出家人一致的姓氏而引經據典，總結出他權威性的論斷：「四河入海，無復河名，四姓出家，同稱釋氏。」他所說的「四姓」已是泛指華人的百家姓了。只因其主張與經文有所契合，從此給中國的男女出家人規定下「釋」這個統一的姓氏，自晉以降，直至今日。

現狀

一、**寺址**：寺為晉時敦煌菩薩譯經道場的舊址，佔地約九畝餘。寺是東西院，門東向，北邊有一偏院，約佔地二畝，係廣仁寺前達喇嘛王璽禪師塔院。

二、**殿宇**：寺東向，山門三間，中伽藍殿一大間，內有關公、韋陀塑像。西大殿三間，內釋迦牟尼佛塑像一尊，山門北邊有一小院落，東西廈房各三間，寺內殿宇大小房共十三間。

三、**祖塔**：大殿後有塔一座，六角形高約三丈，共七層，塔底每角約三尺，塔內有菩薩座像一尊，高二尺餘，木刻，清同治間兵亂，頭被打掉，後補以泥塑。這塔現尚完好，北偏院的王璽禪師塔係西藏式，高約一丈五尺，塔南有王璽達喇嘛碑。寂園居士撰文，關符清立，時在民國二十四年十二月二十五日。

四、**碑碣**：寺中歷代重修現存碑記：（一）明孝宗弘治元年（一四八八年）重修碑記；（二）明弘治十六年癸亥（一五四八年）重修碑記。

五、寺眾情況：寺久無僧，以前曾由城內廣仁寺照管，住過喇嘛。在一九四九年之前已無喇嘛。現由以前廣仁寺達喇嘛王璽禪師的俗家外甥杜德福、杜德寬兄弟兩家住在寺內。杜姓幼時隨王喇嘛久住廣仁寺，後來娶妻，移住此寺。兩家共十口人，寺原有地三十餘畝，現兩家均參加當地青西農業社，生活還好。杜姓負責照料喇嘛塔院。

六、附記：寺內殿宇大都殘破，大殿無門窗，中間伽藍殿尤破爛不堪，南牆已倒。山門三間杜德福家住，山門北邊小院杜德寬家住。近日佛教界有人擬修葺保存這一古剎，但尚無具體方案。最近西安市文史館供稿人民出版社印布的《西安勝蹟志略》內有敦煌寺的照片及位置沿革，可見當局已覺察到敦煌寺的歷史價值。

綜上所述，再附一偈，以作總結。

晉代青門古道場，創譯法華仰敦煌。
寺久無僧塔無主，遊人傷目感滄桑。

第十三章

法門寺—釋迦牟尼佛真身寶塔

法門寺塔（1980年）

位置

從西安市乘隴海鐵路車西行，至絳帳站，再北行約五十里，共約二百五十里，有釋迦牟尼佛真身寶塔所在的法門寺。塔寺在扶風縣東北約二十里，西距鳳翔一百二十里，南距渭河五十里。西安附近佛教各祖寶塔，如西南方的草堂寺鳩摩羅什法師塔，淨業寺道宣律師塔，正南方的香積寺善導和尚塔，東南方的華嚴寺杜順和尚清涼國師塔，以及興教寺玄奘法師和窺基、圓測兩法師塔，星羅棋佈，成一弧形，均北向而擁戴法門寺塔，猶眾星之拱北辰。據傳，釋迦佛真身舍利寶塔在中國有十九處，位於扶風的法門寺塔即其中之一。

沿革

塔這種建築形式是隨佛教東傳而進入中國的，後來歷經改造演變，成為華夏大地上隨處可見的建築景觀。中國本無這種建築，自然沒有稱呼它的專名。最初多直接音譯為「窣堵波」（stūpa）或「浮圖」。在古代印度，窣堵波是一種收藏佛教徒骨灰或舍利的建築，確切地說，就是骨灰堆，是死者的墳墓。按照佛經上的描述，其形制大致如此：用磚石壘築圓形或方形的台基，周圍一般建有右繞甬道，設一圈圍欄，分設四座塔門，圍欄和塔門上裝飾有雕刻。在台基之上建有一半球形覆缽，即塔身。塔身外砌石，內實泥土，埋藏石函或銅函等舍利容器。而所謂舍利，本是梵語śarīra的音譯，是印度人死後身體的總稱。在佛教語境中，僧人死後所遺留的頭髮、骨骼、骨灰等，均稱為舍利。而在火化後若有結晶體存留骨灰中，則特別稱其為舍利子。佛教傳入中國後，窣堵波的形制與中國本土的建築相結合，形成中國特有的塔形，常見的樓閣式高塔就是從窣堵坡造型改造過來的樣式，它與那種覆缽狀的原型已相去很遠。隨著漢化的窣堵波在華夏大地上越建越多，「塔」這個後出的漢字便成為此類紀念性建築物的專名。

據《百緣經》所記，釋迦佛在世時，有一次與諸比丘在恒河邊見到一座破敗的古塔，諸比丘追問其緣由，佛陀給他們講了一則有關辟支佛的故事。故事發生在遠古的波羅奈國，有位名叫梵達摩多的國王收養了一個旃檀香男孩，故事從那男孩如何化身辟支佛說到他如何用旃檀香塗抹迦羅迦孫陀佛的供養塔……最後釋迦佛告訴諸比丘，他們眼前的破敗古塔就是那座曾被辟支佛塗抹旃檀香的供養塔。特列舉這則佛陀講述的故事，是要說明，早在釋迦佛時代，印度人就把為死者修築的舍利塔和塗抹旃檀香作為一種功德了。甚至在佛陀在世之日，即有人向佛陀求索他年幼時掉落的四顆齔牙，要修功德塔來供養。此類故事的情節頗為繁瑣，總的來說，不外乎反復強調，包括佛陀本人在內，都很贊許這種修塔供養舍利的功德活動。據有關記載，佛陀滅度後經過火葬，燒出了一石六斗的舍利，其中有一塊頭頂骨、兩塊肩胛骨、四顆佛牙，另有中指骨舍利和八萬四千顆珠狀真身舍利子。古印度的八位國王派使者來到火葬場地，爭相索要佛舍利。經香姓婆羅門居中協商調停，最後把現有的舍利平分給八位國王。他們把分得的舍利帶回各自的國家，建塔安葬，並定期舉行祭禮。

佛滅度後二百餘年，大約在中國周赧王四十三年至秦始皇帝二十一年間（公元前二七二－二二六年），印度有阿育王東征西戰，統一印度各國，是為摩揭陀國孔雀王朝最強盛的時期。阿育王信佛後大興佛事，到處建立塔寺。據《阿育王傳》記載：「王由海比丘知佛有懸記，詣王舍城，取阿闍世王所藏之四升舍利，又悉取他處所藏之舍利，造八萬四千寶匣，八萬四千寶蓋，八萬四千匹綵，為之莊嚴，以建立八萬四千寶塔。」《法顯傳》和玄奘的《大唐西域記》均有相同的記載。阿育王所建之塔及其所藏的舍利恐未必達到如此誇張的數字，但阿育王在位期間，曾修建過眾多的舍利塔則是確切的事實。此外還有一傳播已久的記載，說是這類阿育王所造的舍利塔在中國計有十九處或五處，扶風的法門寺塔即其中之一。

正果按：原稿列舉《佛祖統紀》、《法苑珠林》等書的記載，對阿育王所造四萬八千塔遠及中國的模糊影響之談持輕信的判斷，但未作確切的論證，包括引用佛教有可能在與阿育王同時代的秦始皇年間已傳入中國的舊說，今經查考修訂，所有證據不確的段落，一併刪去。據有關記載，阿育王向南亞次大陸以外傳佈佛教，最遠僅及東南亞和阿富汗以西地區，並未查到他派使者到中國傳教乃至建塔的確切史實。

道宣法師曾親臨扶風塔寺，在他編撰的《集神州三寶感通錄》中，他詳盡記載了自己的所見所聞，為後世留下了有關塔寺早期沿革的可信史料：

扶風岐山南古塔者，在平原上，南下北高，東去武亭川十里，西去岐山縣二十里，南去渭水三十里，北去岐山二十里。寺名久廢，僧徒化往，人物全希，塔將頹壞。余往觀焉，榛叢彌滿，雖無黍離之實，深切黍離之悲。今平原上塔，俗諺為「阿育王寺」……周魏以前，寺名育王，僧徒五百。及周滅法，廂宇外級，唯有兩堂獨存。隋朝置之，名成實寺。大業五年，僧不滿五十人者廢之。此寺從廢，入京師寶昌寺，其塔故地仍為寺莊。唐運伊始，義寧二年，寶昌寺僧普賢慨寺被廢，沒諸草莽，具狀上請。於時特蒙大丞相見識，昔曾經往，覽表欣然，仍述本由，可名「法門寺」，自爾至今。武德二年，薛舉稱兵將事南，及太宗率師薄伐，初度八十僧，未有住寺。寶昌寺僧惠業掃灑鳳泉，以僧未配，遂奏請住法門，蒙敕依奏，使總住

> 焉。年歲既久，殂落略盡。寺在孤城之中，問其本起，乃云大業末年，四方賊起，諸鄉在平原之上，無以自安。乃共築此城，以防外寇。唐初雜住，未得出居，延火焚之，一切都盡。二堂餘燼，燋黑尚存。貞觀五年，岐州刺史張亮素有信向，來寺禮拜，但見古基，曾無上覆。奏敕望雲宮殿以蓋塔基，下詔許之，因構塔上，尊嚴相顯。

道宣生於隋開皇十六年，他親歷隋朝及唐初，以上所述，皆出自他所聞所見。關於扶風古塔及佛骨，道宣的記載並未確切說明佛骨東來於何時，寺塔始建於哪朝，只是說魏（拓跋）、周（宇文）之前，在扶風就存在這座藏有佛骨的古塔，塔所名叫「阿育王寺」。周武帝滅法，阿育王寺被毀，至隋初，只剩下兩間殿堂。隋文帝年間，塔寺設立「成實道場」，曾一度改名「成實寺」，足見該寺在當時弘傳《成實論》。雖說這成實寺經過修葺，已較勝於前，但規模仍很有限。由於寺僧不滿五十人，在隋煬帝時代按規定被廢，僅附屬於京師的寶昌寺。隋末戰亂，本地居民避亂塔寺，築城防禦，建成所謂「寺城」。李淵攻陷長安後稱帝，隋煬帝所廢的成實寺始受到新朝重視，改名「法門寺」。但直至那時，這座「寺城」內仍充斥躲避戰亂的住戶。不幸因城內失火，殘存的法門寺全部燒毀，藏有佛骨的所謂「聖塚」從此暴露在光天化日之下。這就是道宣所目睹「二堂餘燼，燋黑尚存」的破敗景象。後經岐州刺史張亮建議，唐太宗於貞觀五年（六三一年）敕准用望雲宮的木料建造法門寺塔。與此同時，開啟地宮所藏的佛骨，但僅在塔所「通觀道俗」，一時間引起極大的轟動效應。木結構的新塔從此覆蓋在「聖塚」之上。至高宗顯慶五年（六六〇年），有僧人根據三十年一開啟的古老傳說，建議高宗開啟地宮，佛骨再次「通觀道俗」，並迎至東都供養，兩年後才送回法門寺。《感通錄》引用寺僧所述，詳細描寫了出自地宮的佛骨：

其舍利形狀如小指初骨，長寸二分，內孔正方，外楞亦爾。下平上圓，內外光淨。余（寺僧）內小指於孔中，恰受，便得勝戴，以示大眾。至於光相變現，不可常準。於時京邑內外，道俗連接，二百里間，往來相慶，皆稱佛德一代光華。

幾十年過去，太宗時所建寺塔的木料已多腐朽，寺僧提出修補的請求，經高宗恩准，舊塔被拉倒，石砌塔基，換用柏木另造了新塔，同時大修殿宇，在寺內豎起高聳的木柱。法門寺從此一再重修和擴建，寺內建築多達二十四院，規模遠超過大慈恩寺和西明寺。高宗之後，相繼有武則天、肅宗、德宗、憲宗和懿宗迎送佛骨，共計七次。「會昌法難」中，這座被稱為「無憂王寺」的塔寺亦難免一劫，連備受皇室尊崇關注的佛骨都險遭不

真身指骨發亮光潔，高約4釐米，壁厚約1.5毫米，重9克。整體呈牙黃色，上有深棕斑點，隱約現細紋，內壁有三個凹窩。

測。在武宗敕令毀壞佛骨的壓力下，寺內僧人急中生智，只好以砸碎「影骨」應令充數，巧妙地保存了「護國真身佛骨」。從唐末到五代，戰亂頻仍，很多佛寺都毀於兵燹，幸賴盤踞鳳翔地區的李茂貞多方保護和維修，總算維持了法門寺舊有的風貌。

查《扶風縣誌》，法門寺在北宋期間的記載基本闕如，僅提到宋徽宗手書「皇帝佛國」四字於山門。金、元兩朝均無記載。據縣誌記載，這座唐時建造的四級木塔儘管在明正德二年（一五〇七年）重修過一次，但最終還是不耐風剝雨蝕，在隆慶年間（一五六七－一五七二年）轟然崩塌。密封的地宮在唐懿宗最後一次迎送佛骨後被再次打開。《扶風縣誌》如此記載啟封後的所見：「啟其藏視之，深數丈。修致精工，金碧輝煌，水銀為池，金船泛其上，內匣貯佛骨，旁金袈裟尚存。」關於啟封後的地宮，僅有此寥寥數語的描述。木塔倒塌後不久，在萬曆七年（一五七九年），里民楊禹臣、党萬良等人主事，重建了一座十三級高的磚塔。

至今沒發現這次工程的重修碑記，從銅製塔頂所記的「明萬曆二十七年造」，以及塔上佛像背文所刻萬曆元年、十五年、乃至二十七年等字樣來看，可推知當時造塔工程延長的時間當在三十年以上，更可想見在兩個里民倡議下完成的這一善舉是何等的艱巨。此外，塔上佛像背文還刻有「樂平王府造」或「襄陵王府造」的字樣，可見這項工程曾得到從里人直到權貴的支持，但完全是出於民間崇佛祈福的宏願，已不是來自皇帝和朝廷對「護國真身佛骨」的關注了。

清順治十年癸巳（一六五三年），重建寺內鐘樓，有〈重建鐘樓記〉臥碑，現存東院睡佛殿南牆，略云：從聞法門寺建自西典東來，藏牟尼舍利於浮圖，歷六朝敕修以迄唐，瓌琳宮二十四院，莊嚴稀有。其洪鐘為扶風八景之一。

考塔頂所藏二尺許高的寶塔，內有一似鍍金的盾形之牌，中行刻「萬曆三十五年七月造」九字，前邊刻「順治十一年六月初九地大震，佛像跌落。十二年二月初十日重造，仍送上頂。」由此可知，順治十二年亦有修治。現寶塔微向西傾，顯係清初地震所致。

重修真身寶塔工程紀略

一、重修前的狀況

重修寶塔的工程完成於民國二十九年七月，茲將重修前的塔寺狀況簡述如下：重修之前，寺內殿寮殘破幾盡。塔南有銅佛殿一座，塔北有上殿三楹，東西有耳房。東院有銅佛殿一座，內有涅槃像，大都已毀。殿內〈大唐聖朝無憂王寺大聖真身寶塔碑銘並序〉碑，大曆十三年（七七八年）立，字跡磨滅，多不能辨認。唐大中十年（八五六年）尊聖幢已斷成三截，棄置荒草間。只有〈大唐秦王重修法門寺塔廟記〉碑尚較完整。上殿內尚有佛像三尊，當是近代所造。寺內無一看守香火的僧人，更無法器及經書。回顧隋唐盛況，令人倍感悽愴。面對此殘破景象，邑人王豫嘉曾賦詩曰：

含元殿已圮，昭陵鞠茂草。如何葬佛地，巋然當孔道。
修葺重前代，歲月恣探討。古碣長碧苔，剝蝕獨諫表。
禾黍正蕤蕤，美水流浩浩。秋風驅征馬，惆悵盈懷抱。

寶塔的狀況更令人擔憂，塔身已傾側，下層多剝落，中層現裂縫，從上到下，整體凋殘。在第一層上端，四面所嵌的大字，刻尚未毀。南正端塔門上有「真身寶塔」四字，大二尺許，前書「賜進士出身戶部給事中，陝西按察司簽事前知扶風縣事，任邱許三畏重修」；後書「大明萬曆七年七月初八日啟功」。東有「浮圖耀日」四字，西有「舍利飛霞」四字，北有「美陽重鎮」四字。因扶風縣境在美山以南，秦時置縣，命名「美陽」，直到唐貞觀年間始更名扶風縣，沿用至今。

寺塔周圍有住戶百餘家，另有法門市場商戶約二十家。塔高二十八丈，共有十三級。塔為八楞形，第一級上方八面分嵌乾、坎、艮、震、巽、離、坤、兌八個字，分別指向西北、正北、東北、正東、東南、正南、西南、正西八個方位。最上及最下兩級無洞龕，十一級每一級各開八洞龕，每洞龕置佛像一尊，外護以鐵絲網，仰視可見網內佛像。佛像背部刻文有「南無阿彌陀佛」或「南無清淨佛」等字樣。由此可以推知，當初必係每洞龕一佛像，所置佛像總計八十八尊之多。

二、重修因緣

民國十九年（一九三〇年）陝西大旱，餓殍載道。朱子橋、李組坤、崔獻樓諸善長連袂來陝，各方散賑，同時也兼顧修復陝西各主要佛寺。自十九年夏起，至二十一年冬止，先後修繕華嚴宗初祖、四祖塔及慈恩宗玄奘、窺基、圓測諸師塔，並對大雁塔、青龍寺、千福寺，以及涇陽大寺、岐山太平寺、扶風龍光寺均出資修復，相繼竣工。十九年冬，在西路災情最為嚴重的扶風，更特設災童教養院，收養災童數百名。朱、崔諸善長奔忙于救濟災民之際，曾就近瞻禮法門寺真身寶塔，目睹塔寺的凋殘現狀，即觸發善念，萌生重修之宏願。及至二十四年（一九三五年），李祖坤善長同赴扶風災童教養院，因目睹佛堂內所供佛像而得知一盜賣佛像的事件。事情是這樣的：此佛像前不久從寺塔上墜落，為某里人拾得，其人以數元錢售予高某，高某遂攜至省城，欲謀取高價。事未成而風聞鄰里，有鄙視高某劣行者將其告到官府。縣長童叔明隨即追回佛像，送至教養院佛堂供奉。李組坤善長禮佛之際，亦心生與朱、崔相同的宏願，遂當即應允籌措鉅資，重修真身寶塔。這一因緣遂成為寶塔得以重修的起因。

民國二十六年（一九三七年），七七事變爆發，冀、魯、豫逃到陝西的難民日益增多。為安置成千上萬的難民，朱子橋將軍時常奔波於西安、寶雞、扶風、黃龍各處。與此同時，他也協同李組坤籌劃修復法門寺的的工作。其時正值國難當頭，對朱、李、崔諸善長來說，修復這座「護國真身寶塔」，也有呼喚大眾，悔往修來，消災增福，精誠團結，護國禦侮，祈禱和平的現實意義。此外，考慮到當時來自華北的難民流落陝西，修塔工程也正好給難民提供了傭工謀生的機會，而寺院的修復，也為他們營造了臨時的棲身之地。

正是在這一贊佛護國兼救濟難民的目的驅動下，修復工程緊鑼密鼓地開張了。

三、工程紀略

民國二十七年，這修塔工程先由燒製石灰、磚瓦的工程做起。次年春，材料備齊後即開工修塔。修塔之前，先要清理舊塔的內部。在這座八面玲瓏的高塔中，其十一級的每級每面各有一洞龕，算下來計有八十八個洞龕，每個洞龕內都有一尊佛像。清理之後，只覓得六十六尊。其中銅佛像六十二尊，銅彌勒佛像一尊，石佛像二尊，銅菩薩像一尊，銅天神像一尊，無頭殘石像一尊，共計六十八尊。除無頭像不計外，實際上只有六十七尊。需增添二十一尊，才可補足八十八之數。查看上列各像，發現像背有刻文記錄者僅得八尊。現照錄刻文如下：

（一）南無清淨佛。萬曆元年，樂平王府淑人潘氏恭人柳氏造。

（二）南無勇施佛。萬曆元年，虞城王府淑人潘氏造。

（三）南無遊步功德佛。萬曆元年，襄陵王府恭人晁氏造。

（四）南無寶蓮花娑羅樹王佛。萬曆元年，信士張佩雷氏。

（五）南無娑留那佛。萬曆元年，襄陵王府淑人任氏。

（六）（無佛名） 萬曆十五年十月造，扶風縣保城里佛信士晁宗元張氏、出家僧妙暹、男晁守任克氏、匠人薛添濟。
（七）（無佛名） 萬曆二十年造，信士晁宗元、晁宗利、晁宗貞。
（八）（無佛名） 萬曆二十七年造。

所有佛像的高度及重量均有詳細簿記。另有徑四寸許的銅鏡一面，高約二尺的銅寶塔一座，內有珠寶及五彩荷包一團，銅碗一件。

其他各像雖無刻文，但觀其銅色，似少差異。佛面相好，大致相同，當係同時所造，出於同一模範。又扶風教養院所供一像（即幾年前從塔上墜落者），亦屬同類佛像，背無刻文。可見從塔內收集的所有佛像均造於明末。其中一菩薩坐像，手結毗盧印，亦似明代物。惟諸佛大都未裝藏，當係後來被他人破取。只有一彌勒像、一菩薩像與一佛像背後之裝藏完好無缺。又查銅塔內部，有紅錦包，內藏各色小寶石，如豆粒大者十塊。其中有紅珊瑚穿一小孔；有琥珀一片，已破損；有心形石一件，五寸見方；有珍珠六顆，大小如石榴子，內有一顆極圓明；紅瑪瑙五六顆豆子大小；珍珠一串，菜籽大小，約數百粒；粗石念珠一串，共二十二顆，一端繫一水晶珠，另一端繫一骨質圓珠。另有一長方形錫製小牌，長約三寸，寬二寸許，刻有「歲次庚寅永樂八年五月初五，住持沙門源賢」數字。考永樂八年（一四一〇年）距萬曆三十七年（一六〇九年）足有二百年，如此小物件何以會在二百年後重修的塔中發現，想必是當時隨其他經像同時送入塔內存放的吧。

正果按：順便在此補充一提的是，修塔過程中曾挖到塔心下的地宮蓋，朱子橋與監工崔獻樓親臨現場，崔試探著下地宮查看，因行步間霾氣障目，下行艱難，崔頓生「與此無緣」之感，遂在一片晦暗中半途而返，隨即將地宮覆蓋如故，填土夯實。據説因恐走漏風聲，招致匪類盜竊，朱、崔當即與現場諸人立誓共守地宮秘密，以免地宮遭受劫難。這秘密一直保守到一九八七年國家考古隊正式發掘的日子。寂園居士想必亦屬立誓共守秘密的一員，這也是《紀略》原稿隻字未提地宮之事的原因吧。

塔內所藏佛經均為塵土所埋，取出後共裝兩箱。不只無一部完整的經，也無一冊完整的書。此二百餘卷經書的紙色大都似為明物，僅有數冊刻有元代年號。

為補充塔內缺損佛經，曾向各方結緣徵求寫經，在公開發出的文告中規定了四條要求：一是紙色以純白色和紙質耐久者為佳。二是字體以真楷為佳。三是經文由各人隨喜摘錄，整部或零品均可，整部者列舉有《彌陀經》、《金剛經》、《心經》等經，或《大悲咒》等咒，零品者列舉有《法華經》的「普賢品」、《地藏經》的「利益存亡品」等。四是所寫經咒末尾要求附記繕寫的年、月、日以及寫經人的姓名，或可加寫其籍貫、及現任職務，亦可寫明所寫經咒是「供養法門寺真身寶塔」、並「願以此功德為其眷屬延福」、或「為其已亡眷屬回向資福」。

為補足八十八尊佛像，同時也徵募造像，在公開發出的文告中規定了三條事項：一是所送之佛像銅像、石像均可，新造或代請舊像均可，其高度則以五十公分以內（一尺五寸）為限。二是所送佛像要求盡可能裝藏，若未能裝藏，可照舊送寺，將在寺內延僧補裝。三是要求於像背下方刻有捐贈的年、月、日，造像或獻像人的姓名，「供養法門寺真身寶塔」的字樣，以及為現存或已故眷屬祈福的文句等。

最初估計工程費用約需二萬七千元，後估計需三萬元，若連同修建大殿、山門、道路等在內，則需費用五萬元。僅為修塔而搭腳手架，即用去工料費七千元，其他花費可想而知。十年以來，就已在陝西修繕的塔寺而言，以大雁塔工程花費最多，也不過兩萬餘元，比較法門寺工程的預算，尚不及半數。李組坤善長昆仲業已擔負三萬元工程費用，若以五萬元預算計，尚缺兩萬元款項。佛像尤需補足八十八尊，更需補足所缺裝藏。寺塔修復後還得購買法器，供養守寺僧人，各項開資均未落實，工程籌備處因而不得不徵求捐助。茲錄募捐文告如下：

竊念朱、李這一盛舉不只為全國佛教徒所應欽仰，即天龍八部亦應歡喜讚歎。蓋以已修之諸祖寶塔功德罔難思議，而今次所修之文佛真身寶塔功德尤為殊勝。海內外諸發心菩薩倘能隨喜擅施，襄成盛舉，用植眾生福田，藉普釋迦恩光，蔚成選佛道場，永作護國重鎮，則需達布金，固可獲福無量。即貧女施燈，亦必感應難思，俱可作成佛正因，其功德均不可稱量。

民國二十八年（一九三九年）七月，塔工圓滿完成，各殿宇亦煥然一新。至七月二十四日，就地舉行開光法會，延請僧人誦經，喇嘛僧念咒裝藏，各方人士所寫的佛經也匯集裝箱，會同所補足的八十八尊佛像恭送入塔，仍於每一洞龕內安置一尊，經箱則存放在塔內的中層。將舊塔內清理出的經像及其他物件，包括現募得的經像全部原塔保存，這是朱子橋善長從一開始即秉持的原則。就佛教居士的價值觀來看，這些東西不等於一般的文物，更不能等同於古董待價而沽，必須送回塔中永遠珍藏供養。法會至地藏菩薩成道日（七月三十日）圓滿結束。民國二十九年八月十五日，樹碑記其事。茲錄此〈重修法門寺真身寶塔碑記〉之全文如下。

佛法重因緣，造因起於人之心，而緣之成熟，與其時之遲或速，其間有不可思議者，殆非人力所能為也。重修法門寺真身寶塔之議，起於國曆二十四年八月。時余方應朱居士子橋將軍之約，視察扶風災童教養院，道經其地，見夫塔之巍然挺立，歷千數百年，風霜兵燹剝蝕之餘，猶能永保其貞固而莫之或動；相與瞻望徘徊，不勝今昔之感。因思世之士女崇佛者往往擲鉅資於有名無實之舉，踵事增華，互相誇耀，而於佛之真身所在反芒乎若無所聞，何其心之蔽而行之左耶！朱居士固弘揚佛法者，不忍塔之空無所有，若佛身之不得其護。余因此亦切心發願，冀早修葺，以復舊觀。並以國方多難，人民流徙於道，得工可以代賑，藉寺尤利收客，則此舉又不僅護佛之身而仰體慈悲普度之旨，實不可一日緩也。歸而謀諸仲弟綏，相與合力集資，供給工料所需。主其事而宣導之，監督之，經之營之，使邑之人皆觀感興起，樂助其成，朱居士力尤多；居間協贊之功而輸勞者有康君寄遙、姚君湊九；其一切設計以其迄工築之實施，則工程師趙君夢諭與監工崔君獻樓之力也。先是，余與朱居士赴陝賑災者屢矣。教養災童本為災區善後提倡工藝之舉，嗣因崔君同議以扶風荒地累累，領墾成田，分授災童，庶資永久。質諸同仁，僉以為然。於是教養院乃設於此，而此即為余與朱居士同赴扶風，發願修塔之遠因。崔君之為塔監工，以成功德者，其因亦由此起。然則天下事固有其因，即有其緣耶？抑緣與因之適相遇，固亦偶然而非人之所能望其必得耶？夫以四方多故，道梗而難行，工疲於役，商困於市，劫火燎原，觸目皆是。余與朱居士發願重修寶塔，際此危疑震撼之交，幸能如願。其所次第施工，越期年而告竣。遠近善男信女之於斯役者，靡不欣歡鼓舞，扶老攜幼，以相朝拜。天亦時出祥雲，若有為佛示應者。然此豈偶然之事哉！由是而進焉，若法曾差諸大善士更將塔之寺重新修理，為之整飭而光大之，以復唐時之盛，使天下之人皆奉為中國佛教首區，則未來之願望或更有不可思議者焉。凡事之得諸不可思議者，皆所謂緣也。緣從因而起，而因必藉緣而始顯。是則扶風災童教院之設，余與朱居士相繼而至，雖為修塔之因之所由起，然塔以佛真身所在因而修之，則其最始之因仍在佛，而緣之成，亦佛以成之於人，何與焉！於吾兄弟，更何與焉！是為記。

鎮海　李　晉　敬撰

長安　宋聯奎　書丹

地方士紳保管委員會

陳生軍　王志義　王伯明　馮之亭

史塵　大乘　李鏡天　樊作良

米性天　呂紹亭　曹俊烈　馬鴻謨

楊茲利　屈通軒　楊望川

中華民國二十九年八月十五日

現狀

一、**寺址**：法門塔寺現共有地基六畝有餘，佛塔及二座大殿建築占地外，尚餘空地二畝餘。

二、**殿宇**：有上殿五間，前殿五間，伙房一間，前殿尚稱完整。惟上殿有破漏處，寺外涅槃殿五間，睡佛像及羅漢像均殘破不堪。禪佛殿三間。一九四九年之後，學校師生將佛像破壞，塔西的窯殿也被學校佔用。鐘、鼓二樓各一間，分列上殿東西兩側。

三、**前殿有西方三聖及十八羅漢像**，惟中間阿彌陀佛係銅像，二大士及十八羅漢為泥像，上殿三大佛俱係泥像，另有佛像二尊，分位上殿西側，亦稱泥像。嗣後經僧眾繼續請來木製三小佛像，西方三聖像並銅佛像各三尊。原有經藏及法器一概損失，現有的一切均為僧眾自己購置。

四、**寶塔自清初經大地震，略向西南傾斜，迄今仍然如故**。最近塔西南方深裂三大漏縫，每經天雨，流入塔內，去冬塔上各方磚塊墜落甚多。

五、**碑碣**：塔前有二座唐碑，一係唐大曆十三年（七二八年）張彧撰；一為〈大唐聖朝無憂王寺大聖真身塔銘碑並序〉，碑文多不可辨。另有唐天祐十九年〈大唐秦王重修法門寺塔廟記〉碑，尚較完整。此外尚有唐大中十年（八五六年）尊勝幢已壞成三段。

六、現住僧人及組織：現住僧三、四位，住持為良清和尚，仍本佛教儀規優良傳統如法修行。

七、寺僧生活情況：從前寺內有二十四院，自焚毀後，變為僧眾耕地。民國二十八年（一九三九年）朱子橋大德重修時，僅就中院築圍牆，除塔及二殿建築佔地外，所餘院基地不足三畝。現在僧眾僅以此地耕種自給，寺外原屬寺產的土地土改時已分予農民，故僧眾生活很困難。

八、一九四九年以來，黨和政府三令五申，保護古代建築文物，扶風法門塔寺自然應在保護範圍之內。現在寺內涅槃殿及禪佛殿尚為公用，俟有因緣，當予以整修歸還。近聞黨政領導人曾專往寺內視察，且由絳帳車站至寺的公路已修好，或許不久可望重修。

感想

扶風法門寺塔是釋迦佛真身寶塔，歷史悠久，在國際關係方面有其重要性，為今後加強保護和亟待修繕計，茲列舉有關問題如下。

一、應如何重修保護，使不至再遭到意外的損毀。
二、應如何延聘高僧，領眾薰修，上宏下化。
三、應如何為住持僧眾安排供養，使他們得以安心靜修。
四、應如何能使寺僧與現代社會合作，發揮佛教優良傳統，莊嚴國土，樂利有情。
五、應如何預為計畫，建立適應需要的巴利文僧伽教育。

法門寺塔與各宗祖師的塔大有不同。將來弘揚宣傳，亦應略有分別。例如慈恩塔院（興教寺）應以盛弘法相宗為主，華嚴塔院應以弘揚賢首宗為主。不空三藏曾經住過的大興善寺應以弘揚密宗為主，淨業寺或靈感寺道宣律師塔院應以弘揚律宗為主。若草堂寺羅什法師塔院應以弘揚三論宗或天臺宗為主。香積寺善導和尚塔院應以弘揚淨土宗為主。

惟這一法門寺塔之性質實超越各塔院，乃是本師釋迦文佛的塔院，自應不分宗派，弘揚釋迦牟尼佛的根本教義，即後人稱為小乘教的四阿含教義。若以此根本教義為弘揚的標幟，就應該專請錫蘭國佛教大師，能嚴持淨戒的高德數人，或擇請前數年往錫蘭留學的中國比丘，來寺教授，以期蔚成嚴持戒律，弘揚佛陀根本教義的道場。錫蘭、緬甸、泰國為佛教根本教義的分野，而尤以錫蘭為主體。若能弘揚四阿含根本教義，就應當先計劃開辦巴利文學院，因為小乘佛教以巴利文為主，就是人所共知的「南傳大藏」。

巴利文係以錫蘭為主體，緬甸、泰國等附之。中國雖是漢文系，早有溝通漢藏文的工作，太虛大師以前即在重慶主持過「漢藏教理院」。若再將巴利文廣植華夏，則漢、藏、巴利三大文系將合流而並隆，大小顯密，各宗各派，共榮於中國。

最後再述數頌，以資結束。頌曰：

法門古剎，寶塔巍然。來源悠久，約二千年。
真身佛骨，光普大千。禪雲瑞相，感應空前。
祖國重鎮，民眾福田。歷朝供養，詳記史篇。
屢次修理，殊勝恩緣。萬姓宣導，各地弘傳。
寫經造像，恐後爭先。見聞隨喜，功德無邊。
今後護念，責任誰肩。各方四眾，八部龍天。
稽首祝願，天志誠虔。護國災息，福壽延年。

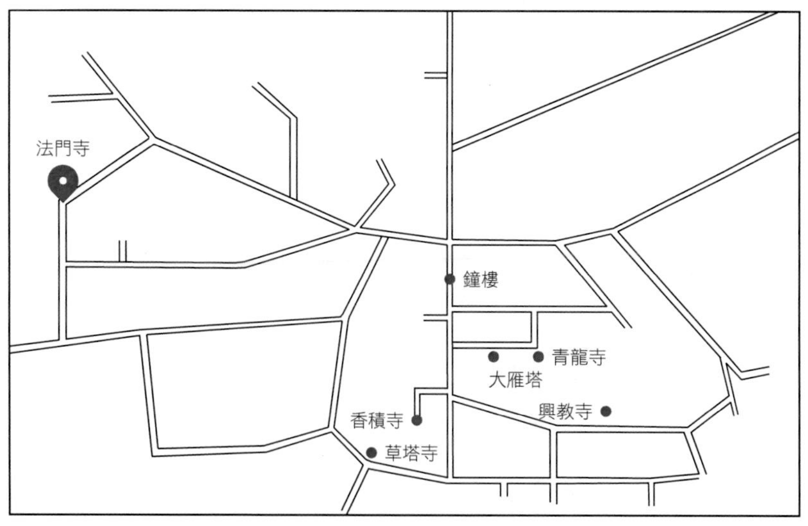

法門寺今址：中國陝西省寶雞市扶風縣城北法門鎮

編後贅言

《陝西佛寺紀略》上編初稿現已告一段落，我在此要把編述的緣起和經過略談一下。

前年（一九五六年）夏天某日，西安市文物管理委員會工作人員鄭自毅前來寂園，他向我鄭重傳達省文化局副局長兼省文物管理委員會主任委員武伯倫的建議，說是希望我能把陝西重要佛寺的簡史寫下來以資研究和參考，同時還提及我曾在佛刊上發表過〈大慈恩寺紀略〉、〈法門寺紀略〉及〈長安古剎提要〉等文。我前些年確實有過編寫一部《關中伽藍記》的打算，今有此機會，正與我宿願相合，自然是義不容辭的事了。我當即表示極願照辦。惟以近年來衰老多病，且對佛寺歷史僅一知半解，能力有限，口頭上儘管爽快答應，心裡難免還有所顧慮。隔數日，在市文聯開會遇到武伯倫，他向我當面提及，且促我儘快動筆，我再次應允，含笑首肯。不久，鄭自毅又來轉告我武伯倫的關懷，說我寫作中若需人幫我抄稿或支取經費，文化局均願協助。我婉謝他們的好意，聲明一切均願自理，不必累及公家。話已說到這裡，因此益增感奮。前年八月二十日，即農曆七月十五日，在佛家向稱佛歡喜日那天，我在佛化社開會時向會眾聲明，由當日起，在佛化社講堂西屋設一陝西佛寺歷史文物編輯組，並約請男女居士能抄稿者數人，分任抄錄佛史材料。但過了多日，所抄的資料還很少，我仍未動筆。直到前年十二月二十六日，省宗教事務處王處長等人約我談話，向我鄭重提出編寫陝西重要佛寺史的重要性，催我從速編寫，我才滿口應允，立即開始編寫。接著就收到王處長的三點指示：一要確切記敘寺廟的名稱、位置、現狀、規模和僧人數目。二要詳述寺廟的沿革、創立時間、在各朝代的發展與變化情況及其影響和作用，還要評介與寺廟有關的歷史人物及其所屬的佛教宗派。三要突出各寺廟的歷史價值，說明寺廟內現存的歷史文物古蹟在國內外的地位。受到這一啟示，我心裡也有了寫佛寺紀略的大綱，於是立即開始加緊工作。我最初估計三數月即可把陝西重要佛寺寫一概略，真正進入寫作，才逐漸發現，問題比較複雜，並非較短時期內所能了事。在這期間，王處長曾囑蘇智輝數次來寂園慰問，意在勸我精神若不佳，即應休息，須量力緩辦，即使延長了交稿時間，亦無太大關係。書稿編寫過程中，我隨時將完成的部分初稿交給有關部門及人員審閱，聽取修改意見。同時請佛化社同仁趙更生協助整理各稿，由李級仁根據所供資料寫成靈感寺、溫國寺、寶慶寺、開元寺、莊嚴寺的初稿，並代整理法門寺原稿。各項費用全部由佛化社事務李丙籌付。總的來說，在上級的鼓勵關懷下，再加上諸位同仁的多方協助，總算在去年十月前全部完工，歷時一年多。為避免疏漏錯誤，先後請蘇州如岑法師審閱香積寺稿，請草堂力空、興教妙闊、臥龍朗照諸法師審閱草堂寺、興教寺、臥龍寺、興善寺、華嚴寺、淨業寺各寺初稿。並函請北京中國佛教協會喜饒嘉措大師、上海佛教協會持松上師，分別審閱廣仁寺、華嚴寺等稿。最後於去年十二月四日，將全稿送省宗教處審閱。今年三月二十六日，據省宗教處函示，已由省文化局審閱並提出意見多條，因即按照所提意見分別修正。總期諸位大善知識慈悲糾正，避免錯誤。茲已結束工作，謹略述起因及經過如上。

寂園居士康寄遙述

一九五八年五月二十六日

代後記　寂園居士的佛化人生

我祖父五十八歲時回首前半生，曾著文敘述他皈依佛門的心路歷程，題曰《五八自述》。該文定稿由我二伯毛筆楷書，抄錄在裝訂成冊的十行紙上。六十年代中，祖父的書房歷經公安局、社教工作組和紅衛兵多次查抄，這冊從未外傳的手稿早已不知被沒收到何處。家人中唯獨我讀中學時住在祖父母身邊，曾有幸半懂不懂地翻閱過那本用文言文寫成的長篇回憶錄，至今還能模糊記得其中的某些片段。

檢討祖父信佛前參與的那些社會活動，可以明顯地看出，他後來的佛化人生與早年的入世經歷自有其前後貫通的內在聯繫，這條主線就是始終致力於改良社會和延續善緣。在家鄉臨潼讀書求學的年月，他曾成立「天足會」，創作「放腳歌」，熱心參與破除纏足陋習的宣傳活動。他本人更以身作則，給自己的頭生女起名「天菊」（諧音天足），讓我這位出生在清末的大姑倖免了纏足的痛苦。戊戌新政後，祖父考入京師大學堂攻讀政治經濟門。在北京讀書期間，他加入同盟會，寫過反清詩詞。在一次冒險剪掉辮子後，他去照相館拍照留念，並於照片背後題詩一首，我至今還記得其中「一剪斷除豚尾恥」之句。辛亥革命前夕，祖父棄學回陝，參加了西安的反清義舉。陝西軍政府成立後，他任職財政司次長，同時輔佐軍政府大都督張鳳翽發展地方教育，參與創辦菊林小學、女子師範學校，並兼任西北大學預科校長。一九一四年，北洋政府的勢力控制陝西，原軍政府成員多受到排斥打擊，祖父見世事已不可為，只好帶家眷離職出走。在避居上海之日，他曾一度思想激進，結識過陳獨秀，拜見過孫中山。對孫的「知難行易」學說，他曾當面有所質疑，孫隨手打開面前的電扇辯解說：你即使對電扇的構造和原理一無所知，也無妨你手按開關，使用它搧風。受到報刊上有關俄國革命系列報導的影響，祖父甚至打算親自赴莫斯科考察一趟。後因他母親竭力阻止，才退掉了預定的火車票。他在法租界創辦《正報》，發行一年有餘，因抨擊時政，報社遭到查封。接下來他又主編《公民雜誌》，倡導發展實業，所關注的議題尤偏重振興西北地區的經濟。此期間他曾專程赴日本考察，計劃在西安開辦紡織廠、麵粉廠，以及電話公司等等。直到六十年代初期，那幾本雜誌還保存在祖父的書房內，雜誌上昂首而吼的雄獅封面照至今仍定格在我的記憶中。

無奈那年月軍閥混戰，時局動盪，陝西遠處內陸，交通閉塞，發展滯後，祖父種種急切的倡議和計畫最終都流於徒託空言。經過多次碰壁，再加上多年流寓顛簸，他日益感到前途迷茫。此時他母親從西安來到上海，祖父陪同念佛的母親進香江南各佛寺，朝拜普陀山觀音道場。據他在〈自述學佛之因緣〉一文中所述，正是在這一趟滿足母親心願的旅程中，他意外受母親感化，隨之結識印光和太虛兩位佛界大德，多次交談中漸有了開悟。祖父的母親年輕守寡，長期吃齋念佛，含辛茹苦，養育供給他讀書成人。老太太在一九二一年病逝上海，出於承傳慈母留存的善緣，祖父從此發願信佛。正如他在那篇自述文中所說：「補報母恩，唯有佛法。」辦完母親的喪事，他當即皈依在印光法師門下。

一九二二年深秋，祖父扶柩回陜，葬其母於西安東關龍渠堡東門外的康氏墳園。那墳園佔地十二畝，特取曾祖母圓寂之義，起名「寂園」。祖父從此自號寂園居士，在園內度過了他後半生的佛化歲月。寂園居士為慈母守墓，追隨她吃齋念佛，並非從此隱棲園林，僅以念佛消遣餘生。他在自述中說得很明確：「故為學佛，即學救世。」在前此的入世活動走不通之後，他便立志把弘法事業作為他改善現實人生和促進社會改良的方便法門。

佛教傳入中國，經過隋唐間接受傳播期的一時興盛，此後在本土化過程中發生世俗化的變異，遂漸趨衰落。延及清末民初，寺院建制和僧尼的整體素質都衰落到一片荒蕪的地步。面對佛教界萎靡不振的現狀，居士佛教在各地發起了復興佛教的救亡行動。從楊文會創辦金陵刻經處和祇洹精舍，到歐陽漸倡辦支那內學院，以及韓清淨在北平建立三時學會，一批富有學養和思想趨新的居士自願結成弘法團體，建立佛學教研機構，包括太虛大師這樣的僧界革新者，早先都曾受教楊文會的祇洹精舍。正如梁啟超所說：「晚清所謂新學家者，殆無一不與佛學有關係，而凡有真信仰者率依文會。」通過詮釋佛學來激發思想資源和促進社會改良，可謂清末民初居士佛教的一大特色。那時候中國社會正在從舊有的農業社會向工商社會轉型，新興的有產工商業者仍不失傳統倫理教養的風範。常言道：「積善之家，必有餘慶。」傳統的人生價值觀既嘉許善人致富，更鼓勵富人行善，工商業者組成的居士群體既是宗教團體，也是慈善組織，其中最有影響的要數上海佛教淨土社和世界佛教居士林。在那個天災和兵亂頻仍的年代，居士實業家紛紛把他們有限的財力用於施捨救貧和賑濟災民，他們的善行與僅向寺廟燒香祈福的低層次民俗佛教形成明顯的區別。

上述的居士佛教／佛學組織顯然給寂園居士在西安的佛化活動樹立了榜樣，太虛大師的「人生佛教」說以及有關教理、教制、教產革新的倡議更讓他明確了可行的弘法方向。回到西安後，寂園居士首先從組織居士團體做起。他先是在寂園設立蓮社，每月聚眾念佛，邀集路禾父、楊叔吉、高戒忍等知名居士研討經論，商議革新佛教的事宜。此後他們集思廣益，多方聯繫，辦理登記手續，經當地政府備案批准，正式成立了佛化社這個西北地區的第一個居士組織。該社的組織實施董事制，社員推選董事會，由董事會選出社長、常務董事，任期均為三年，可連選連任。寂園居士一直連任社長，直至一九五八年佛化社被勒令關閉。此外，佛化社內部還特別設立講經會、念佛會、佛教青年會、婦女觀音會，並於各縣設立分會，在一九四九年之前的二十餘年間，曾在一定的範圍內發揮過消災勸善，傳播佛學知識的佛化作用。

寂園居士繼續運用他編印刊物的專長，經一群居士同仁配合協作，由他主編兼撰文的《佛化隨刊》於一九二七年十二月出版了創刊號，面向全國發行。該刊的主要欄目有經論新解、佛經詮釋、讀經體會、修習禪頌、佛教人物、名山介紹、佛教春秋、居士修持、佛教故事、佛教音樂、佛教繪畫等，直至一九四〇年停刊，共出版二十一期，在讀者群中被譽為「佛海明燈」。此後寂園居士又主編《大雄》月刊，出版數期，還配合好幾起盛大的弘法活動，出版了《印光大師特刊》、《太虛大師弘法專刊》、《陝西佛教新紀元》等刊物。除了藉助刊物弘法，在交通阻塞的整個抗戰期間，寂園居士還在寂園蓮社內設立刻經處，刻印《金剛經》、《壇經》、《宣講拾遺》等二十餘種佛化讀物，廣泛流通西北地區。直到六十年代，那些刻版仍裝滿幾個大木櫃，保存在寂園。文革中紅衛兵抄家，那些木板全遭焚毀。此外，寂園居士還熱心參與朱子橋將軍在西安發起的影印宋版《磧沙藏》工程，影印完工後，他更認購一部，那滿滿一書櫃藏經被他視為藏書中的瑰寶，始終置於他床頭。寂園居士一面組織人力，一面蓄積財力，更在佛化社內設立佛經流通處和佛學圖書館，既收藏佛經及佛學論著供信眾閱讀，更贈閱或銷售此類讀物，在居士同仁力所能及的範圍內促進佛化信息的傳播。

佛化社是寂園居士及其同仁召集信眾研討和宣講佛法的場地，也是邀請著名法師和佛學家來西安講經的主辦機構。在該社推行的佛化運作中，寂園居士始終都很重視僧俗兩界的合作互助，同時也尊重太虛法師堅持「僧伽為主體」的弘法主張。自佛化社成立以降，太虛法師、喜饒嘉措大師和華清、月溪、祥瑞等法師都先後應邀來西安講經，其中如太虛和喜饒嘉措兩位大德，初到西安，都被恭迎至寂園，安排在專設的客房內住宿供養。我與祖父母同居的五年中，就一直住在那間客房內。其時已是黨天下控制一切的年代，受限於森嚴的政治高壓，寂園居士再也沒能力沒條件在他的蓮社內接待四方僧眾了。

佛寺在清末民初的沒落破敗既受損於僧伽整體積存的弊病，也在一定的程度上是各地官民侵佔寺產所導致的惡化現象。舊有的秩序已經解體，新制度尚未建全，在整個民國年代的亂局中，很多寺廟或淪為駐軍營地，或被地方上興辦的學校長期佔用，西安周邊的不少佛寺也遭遇到類似的侵佔。以佛化社為主體的西安佛界革新派於是趁勢發起佛教革新運動。寂園居士代表宗教界發表〈敬告各界文〉和〈西安三教代表請願書〉，既強烈要求當局發令制止侵佔寺產的行動，也同時揭發「僧界腐敗，不守清規」的弊端，公開主張「整頓僧伽制度，嚴整寺規」，對寺院僧眾發出「速理內部，免貽人口實」的忠告。《佛化隨刊》上同時發表〈陝西佛教會整理僧伽草案〉一文，對佛界內部因循守舊的人和事有所指斥，嚴正問責，進而在僧俗兩界和新舊兩派之間引起持續的爭論。

寂園居士與歐陽漸頗有交往，我現在偶一閉目，記憶中都會浮現出祖父居室內墻上那幅字體古拙的對聯——歐陽漸寫給他的集唐條幅：「白蘋風起樓船暮，紅蓼花疏水國秋。」寂園居士儘管很尊重僧界諸大德，但同時也對歐陽漸〈闢謬〉一文的立場持比較認同的態度。至少就西安當時的情況來說，僧伽整體上的水平低下的確亟待整訓，促進其提高。正是有鑒於這一落後狀況，寂園居士及其居士團體特別關注培育佛教人才，致力於僧眾的文化知識教育，在興辦僧伽學校方面，他們斷斷續續，做過一些事倍而功半的工作。他們先是在佛化社設立佛學講習所，幸賴朱子橋將軍等善長捐資襄助，講習所辦學三年，培養出個別合格的僧才。此後他們又在興善寺開辦佛學養成所，在大慈恩寺成立專弘法相唯識宗的慈恩學院，但都為期甚短，隆重開幕後，多以草草收場告終。直至大陸變天前夕，他們還在興善寺創辦世界佛學苑巴利文學院，截至一九四八年，培養出第一期十六名畢業僧。寂園居士及其居士團體在僧伽教育方面所做的努力，最終在一九四九年畫下了句號。

修繕西安周邊的佛寺，也是寂園居士及其同仁佛化行動的善舉之一。作為《陝西佛寺紀略》一書的作者，他的書稿中不只記錄了那些寺院的沿革和現狀，他本人同時也介入所敘述的沿革，親身參與了改善現狀的行動。這裡要特別表彰大慈善家朱子橋將軍的一系列善舉。朱居士於一九二六年組建華北慈善聯合會，通過東北、華北各慈善團體募捐，四處救災。一九二九年關中遭受嚴重的年饉，朱居士來陝賑濟之際，因見各處古剎破敗凋殘，遂發願盡力修復。寂園居士本人的財力和號召力其實十分有限，身為佛化社的帶頭人，他能盡心盡力的事情多是做些組織聯絡的工作。在朱居士主持修復各寺院的過程中，寂園居士經常親臨現場，協助各善長監理慈恩寺、華嚴寺、法門寺等寺院的修復工程，同時撰寫部分寺院的重修碑文，更發表長篇報導，詳盡記錄重修法門寺塔的整個過程。

就我個人的評價來說，寂園居士佛化人生中最值得一提的是他參與的慈善事業。他曾任華洋義賑會陝西會長、華北慈善聯合會主任監事等職，長期主持陝西賑濟工作。他所領導的佛化社居士團體也是一個慈善機構，在該社內部曾附設貧兒園，收容過不少孤兒。特別是在關中饑荒期間，佛化社創辦《陝西災情報》，登錄災區拍照，廣泛宣傳，多方募捐，設粥廠十數處，每日施粥，救濟了四萬多災民。這些報道災情的小冊子直到一九六〇年還保存在祖父書房內。我從故紙堆裡找出那些塵封的冊子，曾逐頁翻閱其中反映災情的照片，包括饑荒中餓殍的數字，捐款施主的名單……那時候我們在學校被反復告知的是舊社會多麼罪惡，新社會多麼幸福，我翻閱那冊子上的災情記錄，確認著舊社會的罪惡，卻渾不知當時的新社會正處於政策錯誤造成的嚴重饑荒。新聞媒體無隻字報導災情，也沒有任何個人或民間團體有權問責政府和採取自發救助的行動。誰要敢談論饑荒，誰就是攻擊「三面紅旗」——總路線、大躍進和人民公社。直到多年後毛澤東死去，外界才得知，我們幸福的新社會餓死了三千多萬飢民，時至今日，現政府仍對此悲劇諱莫如深。舊社會不管多麼罪惡，民間社會報導災情的自由和救濟災民的義務還沒有被當局剝奪，慈善團體因而還有機會做些菩薩道救苦救難的工作。正是在這種政府無意約束民間守望相助，世道人心也讚許行善的局面下，慈善團體才得以施行及時的救濟。寂園居士於是四處奔忙，協助朱子橋等善長籌資募款，在大慈恩寺特設「慈恩孤兒院」，收容孤兒達百餘名之多。佛化社同仁配合寺僧，在院中教養孤兒們半工半讀，學習知識和技藝，以期他們離院後都有能力獨立謀生。

在從事慈善救濟的同時，寂園居士依舊像他早年那樣關注教育事業。利用佛化社擁有的部分地產，他與居士同仁在東大街開辦了一所大雄小學。在他的故里臨潼胡王村，他辦有紀念母親的慈恩小學。此外，為方便東關地區住戶的子弟上學，他還邀集當地各界人士，合力創辦竟化小學，並擔任名譽校長。我家就住在那小學附近，我父母教子心切，曾把我過早地送入該校，隨幼童們一起啟蒙。大約是在一九四九年前後我四、五歲的時候，我也在早晨跟學生們列隊出操。至今還模糊記得，每周星期一早操後，康校長多會走上大操場的講台，銀鬚飄灑中給全校師生作些有關慈善的講話。

在民國世代，以居士團體為主的佛教組織之所以得以存在和發展，僧俗兩界合力創辦的佛學教育和出版機構之所以得以順利運行，他們主導的慈善事業之所以得以施展及時的救濟，首先是基於舊有的社會制度保護私有財產的合法存在，財主自有其可支配的財源。其次是受益於國民確實擁有出版、言論、集會結社和信教的自由，政府也不會限制那些補救時政之不足的言行。早在中華民國建立之初，歐陽漸等人即上書孫中山，提出「政教兩方各宜自謀獨立之法」，並得到孫懇切的讚同。正因存在著此一寬容的空間，終民國之世，寺廟僧尼和居士團體還都能維持其相對獨立的存在，較少受政治的無端干擾。包括國民政府中不少軍政要人，也都對佛教有不同程度的信仰或親近，比如像陝西省政府主席楊虎城和國民黨元老戴季陶等人，均與寂園居士有私人交往，都對佛化社的弘法慈善事業一貫支持，並多次捐款。天不變道亦不變，國家的政體儘管已從帝制變成共和國，衡量善惡是非的價值體系並未遭到扭曲，世人對冥冥中的因果報應還多懷有一定的敬畏，因而多災多難的民國亂世仍不失其厚德載物的元氣，勉強維繫著善緣得以繁衍的社會生態。

華夏大地上真正的變天是在一九四九年之後，即陳寅恪所謂的「數千年未有之巨劫奇變」。此巨劫奇變的要命之處是傳統的價值階序被中共的暴力革命所徹底顛覆，並橫遭變態扭曲。對於舊社會中種種讓毛澤東及其集團感到相形見絀的人和事，他們都不能容忍，力圖清除乾淨。早在中共成立政治協商會議之初，毛澤東就在黨內強調指出：「在拿槍的敵人被消滅以後，不拿槍的敵人依然存在。」對於所有被他視為敵人的對象，他直言不諱說：「能消滅者一定消滅之，暫時不能消滅者將來消滅之。」宗教既已被定義為「人民的鴉片」，信教者自然也被劃歸不拿槍的敵人之列。在中共建政之初，佛教的物質存在形式——寺院、經像及僧尼——之所以還允許存在和受到有限的保護，只是出於暫時的政策性考慮。首先，台灣未解放，港澳未回歸，保留佛教，尚有做統戰工作的用途。其次，藏人、蒙族、維族等少數民族佔有那麼大的居住區域，黨國不得不照顧他們的宗教信仰。此外，還要利用佛教團體與日本及東南亞信佛教的國家建立友好關係。再加上很多著名寺院都屬於名勝古蹟，國家負有保護文物的職責，現政府總得出資妥善維修和管理，好供外界遊覽瞻禮，從而維持新社會的升平面貌。佛教的存在於是流於點綴人文景觀，藉以展示黨的宗教政策，或被用作工具，從而加強政府對信眾的控制。

正是基於上述的政策，在五十年代初，寂園居士劃為地主成分之後，雖被剝奪了大片的土地，失去了幾處房產，不幸中的萬幸是，仍受到特殊照顧，不只保住了他的住所——寂園，還被接納為西安市政協委員。從此他與宗教組的委員一起榮享定期的政治學習，並獲取優厚津貼，足夠維持較高的生活水準。如果他只是一個普通的地主，並不具備在佛教界擁有的地位和影響，那情況就當別論，而可能遭受的打擊就要嚴重多了。不管怎麼說，能受到新政權的禮遇，總比打入另冊值得慶幸。寂園居士自然要緊跟形勢，作一些爭取進步的積極表現。也許他那時候多少已意識到他這類人仍屬於毛所謂「不拿槍的敵人」，只不過尚處於「暫時不能消滅」的階段，因而只有勉從虎穴暫棲身，時懷憂患多警惕了。我清楚地記得，他從政協開會回來，經常在家裡重複歪理大師列寧說過的一句話：「你們有信教的自由，我們也有不信教和反對信教的自由。」

寂園居士如今畢竟身為政協委員，出於自我保護，他不得不採取曲線弘法的策略，在

筆者與祖父母攝於曾祖母墓塔前，1956年。

講述佛學原理時，他常加入馬克思主義的用語，做一些自我澄清的攀附和修正。比如他總是強調說，佛教不講迷信，它與唯物論是相通的；佛陀告訴我們，一切現象都是因緣和合，佛教本質上是無神論的。每談起佛教緣起的宇宙觀，他常用氫與氧結合生成水的化學現象來解釋「緣起性空」的概念。在應文化局和文管會領導之求撰寫的《陝西佛寺紀略》書稿中，每寫到「國際關係」那一欄目，他總是過多強調某寺院、某宗派在國際關係上地位多麼重要，那顯然是想藉助國際影響來提醒主管部門，期待他們重視這些寺院，對破敗的殿宇寺塔儘快做必要的修整。

隨著毛澤東的階級鬥爭路線日益強化，五十年代初比較溫和的統戰政策很快就走向了終結。一九五八年，佛化社被勒令關閉，社屬房地產被沒收，大雄小學也改了名納入公辦。社裡的很多經像和佛學讀物不得不轉送到大慈恩寺保存。一九六二年，西安市佛教協會召開代表大會上，面對嚴酷的現實，寂園居士竟不識時務，在大會上斗膽發言，就寺廟保護、整肅戒律、佛事活動、弘宣佛法及組建居士社團等問題，一口氣宣讀了十條提案。他並沒忘記列寧對信教人士的告誡，他的確是想在這最後一次有資格公開發言的場合，講出他憋了許久想說的話，哪怕他講那些話不討當局的喜歡。

寂園居士背著他地主成分的黑鍋，和風細雨混過了土改關，倖免十幾年之後，卻再也躲不過社教運動的關口。一九六四年，寂園所在地的生產隊推行二次土改，儼然是要補償農會當年沒耍夠的威風，工作組有一天悍然闖入寂園。他們給家中較為優質的家具和物件一一貼上封條，宣佈沒收大廳西邊我曾住過的那間客房，給門上掛起生產隊辦公室的牌子。我們家內的居住空間從此處於外客欺主的狀態。禍不單行，在此後的某日晚上，公安局突然出動許多幹警，對祖父的居室大肆搜查。據說是拿著搜捕證有備而來的，若搜出什麼反革命證據，就要當場把康寄遙逮捕帶走。但並沒搜出任何可定罪名的東西，他們便把祖父幾十年來所寫的上百冊日記、所珍藏的私人通信和影集全部抄走，裝了好幾麻袋。

祖父所屬的政協和佛教協會立即呼應配合，在「康寄遙專案組」駐紮的臥龍寺召開批鬥大會。主持人糾集一群表現積極的和尚，讓他們揭發康寄遙攻擊宗教政策的言論，鼓動他們對康嚴厲批鬥。有幾個本來就對康居士心懷不滿的和尚於是趁勢起鬨，居然對八十多歲的老人推推搡搡，動手動腳。開完批鬥會，政協負責人正式宣佈，當場撤銷康寄遙的政協委員。祖父隨之失去那筆津貼，此後就一直靠兒孫們湊錢養活。緊接著公安局又宣判他戴上地主分子帽子，從此剝奪他一切政治權利。祖父的處境等於在監外服刑，他只有在自己家裡畫地為牢，隨時接受當地群眾監督，派出所上門查問。

好在祖父還擁有他二樓上的佛堂，幾十年來如一日，每天他黎明即起，上樓去做他的早課。那佛堂正中擺一寬大的紅漆供桌，玻璃龕內供著西方三聖貼金的檀木雕像，周圍是玉雕觀音像，以及其他小型的菩薩羅漢像。還有印光、太虛的舍利子，裝在精工製作的塔型寶函內。走進佛堂，祖父總是上香後行多次跪拜叩頭禮。做完那一整套反覆彎腰、屈膝、匍匐下去的早操，他便在臨窗的座位上閉目打坐，觀想念誦，長達一個多小時。晨光透過了南窗的彩色玻璃，香爐上篆煙裊裊，佛堂內一片明亮莊嚴。不再有居士敢登門造訪，連某些孫子都與祖父劃清了界限。祖父失去了他以往的爽朗笑聲，他終日沉默寡言，跏趺蒲團上安般守意，渾如一尊石像。有時候他會反覆叨唸：「憲法有宗教信仰自由，我們又沒搞迷信，為啥不讓念佛燒香呢？」「他們說佛教要滅亡，我看這不對，佛教至今兩千多年，三武滅法，沒有一個成功，佛教會永遠流傳下去的。」

一年之後，文革爆發，紅衛兵橫掃一切牛鬼蛇神，寂園遭到了連鍋端的查抄。佛堂被整個摧毀，經書被全部焚燒，連曾祖母墓上玲瓏雕琢的石塔都遭到拆除，砸成了碎塊。紅衛兵掘出塔下的棺材，草草移葬生產隊的墳地。生產隊佔據了整個寂園，貧下中農社員們大獲全勝，他們不忿了這麼多年，終於補償了自土改以來沒能夠滿足的快意。他們把祖父母掃地出門，然後像運送廢棄物一般丟在了從另一地主家沒收的小屋中。其時正值嚴冬，紙糊的舊式木格子窗戶四面透風，倆老人僅守著一個燒煤球的小爐子取暖做飯。那時候我父親和三伯都關入牛棚，間或去小屋照顧的多是我堂兄正信，以及我和小弟正觀。祖父母本來身體還都健康，原可以多活幾年。受到抄家批鬥的折騰，不久即在貧病交加中先後死去。寂園居士是在被押送遊街時讓紅衛兵推倒在地，受了傷臥床不起，隨後病逝的。直到生命的最後時刻，他仍在病榻上做他平日的修持，念珠仍不離手，心裡在永續念佛，小本子上斷斷續續，記著筆跡零亂的日記……在他已經嚥氣之後，一本得自他處的《大乘起信論》還攤開著，置於床頭。

康正果

二〇一八年十二月八日

附識：本文撰寫中參考引用了以下著作：

李利安：〈從康寄遙西安弘法看佛教未來前途之開展〉（見《一九九四年佛學研究論文集》，高雄：佛光出版社，一九九六年）

李慶東：〈近代西安佛教沿革〉和〈西安佛教百年大事記〉（見《西京佛教》，西安：陝西人民出版社，二〇〇〇年）

侯坤宏：《浩劫與重生：一九四九以來的大陸佛教》，台南：妙心出版社，二〇一二年。

對以上三位作者發潛德之幽光的功德，我在此謹致誠摯的感謝。

參考文獻

明嘉靖　陝西通誌　（明）趙廷瑞 修，馬理、呂柟 編纂

康熙　咸寧縣誌　（清）何廷韜 修，王禹錫 編纂

長安縣誌　民國二十五年鉛印本

咸寧長安續誌　翁檉、宋聯奎 編纂

關中勝蹟圖誌　（清）畢沅 著，《關中叢書》本

遊城南記　（宋）張禮 著，《關中叢書》本

長安古蹟考　（日）足立喜六 著，楊練 譯，民國二十四年版

民國重修戶縣誌　民國二十二年版

扶風縣誌　（清）宋世犖等 纂修

高僧傳　（南朝梁）慧皎 撰

法苑珠林　（唐）道世 編著

佛祖統紀　（宋）釋志磐 撰

佛祖歷代通載　（元）念常 撰
釋氏通鑒　（南宋）本覺 撰
釋氏稽古略　（元）覺岸 撰
出三藏記集　（南朝梁）僧祐 撰
歷代三寶記　（隋）費長房 撰
大唐內典錄　（唐）道宣 編撰
開元釋教錄　（唐）智昇 編撰
淨土聖賢錄　（清）彭希涑 編撰
大唐大慈恩寺三藏法師傳　（唐）慧立、彥悰 撰
千五百年前之中國留學生　梁啟超 著
佛教各宗派源流　太虛大師 著
佛學概論　太虛大師 著
中國佛教史　黃懺華 著

附錄 唐代長安圖

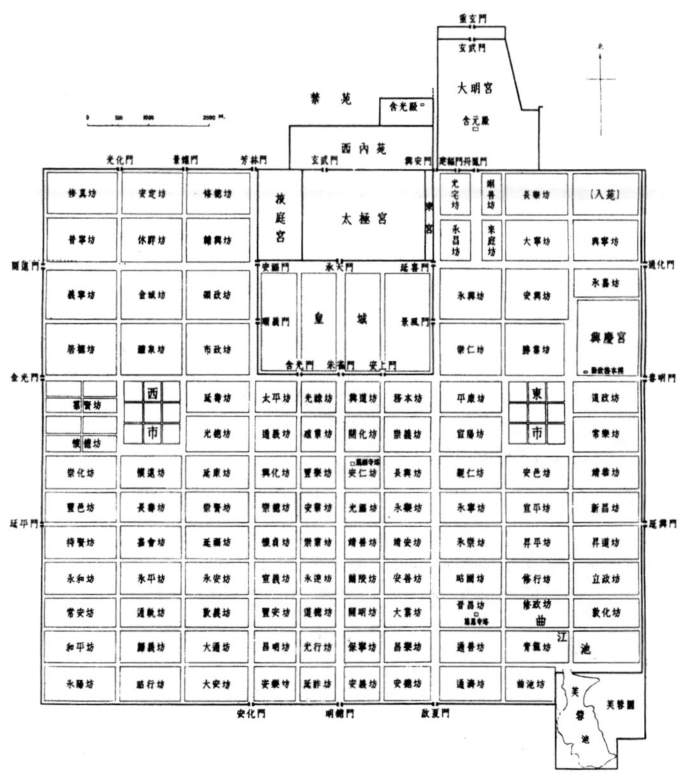
重玄門
玄武門
大明宮
含元殿
禁苑
含光殿
西內苑
光化門
景耀門
芳林門
玄武門
興安門
建福門
丹鳳門
掖庭宮
太極宮
東宮
光宅坊
翊善坊
長樂坊
[入苑]
永昌坊
來庭坊
大寧坊
興寧坊
修真坊
安定坊
修德坊
普寧坊
休祥坊
輔興坊
開遠門
安福門
永安門
延喜門
通化門
義寧坊
金城坊
頒政坊
皇城
順義門
景風門
永興坊
安興坊
永嘉坊
居德坊
醴泉坊
布政坊
崇仁坊
勝業坊
興慶宮
含光門
朱雀門
安上門
金光門
春明門
西市
東市
延壽坊
太平坊
光祿坊
興道坊
務本坊
平康坊
道政坊
群賢坊
懷德坊
光德坊
通義坊
開化坊
崇義坊
宣陽坊
常樂坊
崇化坊
懷遠坊
延康坊
興化坊
安仁坊
長興坊
親仁坊
安邑坊
靖恭坊
豐邑坊
長壽坊
崇賢坊
永樂坊
永寧坊
宣平坊
新昌坊
延平門
延興門
待賢坊
嘉會坊
懷貞坊
靖善坊
靖安坊
永崇坊
昇平坊
昇道坊
永和坊
永平坊
永安坊
宣義坊
蘭陵坊
安善坊
昭國坊
修行坊
立政坊
常安坊
通軌坊
敦義坊
豐安坊
開明坊
大業坊
晉昌坊
修政坊
敦化坊
和平坊
歸義坊
大通坊
昌明坊
光行坊
保寧坊
昌樂坊
通善坊
青龍坊
曲江池
永陽坊
昭行坊
大安坊
安樂坊
延祚坊
安義坊
安德坊
通濟坊
曲池坊
芙蓉池
芙蓉園
安化門
明德門
啟夏門

附錄　半支香的夢遊

康寄遙

幻幻居士獨居幻園，深修如幻三昧。一日，終南幻覺寺主講知幻大師來園特訪。二人本係同參，兼之年餘未見，久別相聚，倍覺親熱。時值年節，園中不乏供養食品，幻幻居士即進香茗，並供以松子年糕素點多種。未幾，進午餐，備極清潔，維摩之香積廚不是過也。知幻師笑云：「老僧特來趕齋，運氣亦殊不惡，總算口頭有福。」幻幻居士曰：「簡慢疏略，實在不成供養，請師原諒，何須客氣。」原來二人各有願力，道合志同，雖不多見面，卻心心相印。知幻大師雖結茅深谷，晏坐修禪，然目睹長安各處古剎衰敗凋殘，宗風掃地，每欲重光慧日，廣布慈雲，宏宣悲願，暢達本懷。幻幻居士雖息影淨修，遠離塵擾，然而痛念法道流弊，邪外熾燃，護宣乏侶，戒德消沉，輒思弘倡義學，立正破邪，扶持戒律，歸元淨宗。蓋二人皆取淨為行，又欲起諸幻化，以度幻眾也。所以彼此論教談宗，情意十分融洽。知幻師忽顰蹙曰：「隋唐盛時，長安佛法光耀寰宇，講寺林立，各宗並隆。今日各寺，僧幾絕跡，但見荊棘瓦礫，蔓草荒煙。淒涼至此，令人曷勝今昔之感！」又云：「世尊當日過豐財園，見土聚瓦礫，尚且血淚交流，何況吾人。其悲誓宏願，流露言表，聞者罔不感動無量。」幻幻居士隨數念珠，隨向知幻大師曰：「法不常住，弘揚在人，有興有廢，有廢有興。若諸眾生善增福崇，感生龍象，宏宣正法，普度群氓，焉知佛法黃金時代不再現於今日末世？印度之好雲王，西藏之宗喀巴，前徽未遠，轉移憑人耳。」二人談話稍久，遂拈香一支。相對默坐。香盡，幻幻居士進何首烏茶，笑謂知幻師曰：「久服此茶，由終南來此，當可飛行，不勞跬步也。」師含笑而已。時夕陽在山，天已薄暮。知幻師因道友有約，遂即告辭，逕往城中新建之福幻寺去。臨行笑謂幻幻居士曰：「你我終日打妄想，也算不安本分。」居士云：「不過姑妄言之，姑妄聽之。其實無俗非真，這些妄想何嘗又離卻本分？」幻師舉步如飛，居士目送，良久始回。

幻幻居士回園後，養息移時。其時萬籟俱寂，惟見滿園月色與積雪相映，恍如白晝。居士燃安息香一支，獨坐禪室，閉目趺坐。忽覺神遊相外，步出幻園。甫出園，見紅日正午，萬里無雲。行數武，忽遇蓮友離幻和尚。問：「居士何往？」答云：「信步所之，遊戲三界。」因問：「和尚何處去？」答云回慈恩寺，並述慈恩寺復興之盛況，請居士同往參觀。幻幻居士欣然從之。由園外南行，但見道路寬平清潔，兩邊俱是農田，碧桃裁錦，綠草鋪茵，風和日麗，景物宜人。又聞鶯鳴燕語，出和雅音，有如同宣妙法。行至祭台村，見村外叢林一所，法幢高豎，塔廟聳峙，金碧耀日。居士問：「此何寺？」離幻答言：「此乃青龍寺，即唐時密宗大道長，不空三藏之徒，惠果阿闍黎曾住持於此。日本密宗初祖空海和尚，所謂弘法大師者，曾留學於此寺。唐後中國密教浸衰，盛傳於日。此寺屢遭兵燹，毀破無存。村人偶於寺址得石佛，因建屋數楹，稱石佛寺。『青龍』之名，亦無知者。最近中國密教重興會聯合密教信徒，聚資重建，復名青龍寺。殿宇巍峨，勝於昔代。現常住僧有千餘。設有真言大學，建曼荼羅，灌頂傳法，所出阿闍黎甚多，均往各方隨緣宣化。此寺之規模不但北平雍和宮不能及其萬一，即蒙藏各處及日本高野等密教道場亦不可同日語也。」行近寺旁，有梵唄音，清澈貫耳鼓。忽又聞擊大法鼓，撞大法鐘，吹大法螺，聲震於天。惟二人均未入內，直向慈恩寺而行。

行未久，見雁塔七級，高入雲表，各級窗戶洞開，歷歷可辨。忽見塔頂大放光明，普照四方。幻幻居士目為之眩。即問離幻曰：「此係何光？云何因緣？」答云：「此塔乃玄奘法師所手造，中有舍利萬餘粒，每級數千不等。此等舍利，說來也不可思議，若寺僧破戒犯規，污穢塔寺，舍利即隱，不可得見。若寺內有道風，一切清淨，舍利復現。唐朝以後，舍利隱光已千餘年。近日佛法大興，高德輩出，所以時放光明。且此光明能救一切苦惱，不但人間見者可免痛苦，即三途惡道，此光亦能徹照，令諸受苦眾生見光頓息諸苦。不過見光與否，亦有因緣。常有孽障重深，不信佛法之流，居塔附近，一生不得見光者。

可見光無隱顯，有感斯應。今日居士見此光明，即同佛光，亦是稀有因緣。」隨談隨行，為時未久，即見有層樓複閣，綠瓦紅墻，行樹羅網，異常莊嚴，均環集於寶塔周圍，恍同大城一座。離幻曰：「此即慈恩寺也。」幻幻問：「寺內住若干人？」答云：「一萬二千餘人，房舍五千餘間，較唐初更加擴大。其中法事未可詳述，入內參觀，即知大概。」原來離幻是慈恩監院，亦飽參實學，招待客人，又十分和氣。至山門，即導幻幻大居士來寺參觀，請方丈親陪。因此寺共十餘大院，各處相距有一里或數里者，故寺內特設有慈恩電話處，分通各院，亦與寺外慈恩附屬各局所，及各大叢林，並城內政府均通電話，以圖交通便利，辦事敏捷。方丈接電，即回電恭請幻幻，並即令知客來迎。幻幻至，方丈先至外間佛堂禮佛，進內見幻幻亦係熟人，彷佛同在楞伽山聽講《楞伽經》者，相見寒暄，俱形歡欣。時座中有僧三人，方丈一一介紹。是三者，一印度僧，一日本僧，一英國僧。自某年太虛法師環遊世界，宣講佛法後，大動各國佛教界之觀感。又在中國設世界佛院，慈恩寺即佛院最重要之一部。故各國多派人來華留學，三人來寺留學，成績均甚可觀。此寺仿那爛陀寺辦法，凡通經論若干者，選為上舍生。上舍生十人，此三人均在其內。每日政府主席為上舍生供養糖食水果乳酥頗豐，士大夫均景仰之。三人一名幻印，一名幻日，一名幻英。因本國電請回國主持佛學院事，三人欲勤精進，不願離寺。經方丈勸勉，謂菩薩悲智雙運，自他兼利，且未自度而先度人，亦是菩薩發心，應以弘法為重，勉為其難，若恐力單，可令寺中多去助教數人。三人聞言，亦均首肯而出。幻幻聽到這裡，心中頗為驚異，自想外國佛法也如此發達，真是難得，隨請方丈帶往各處參觀。

先往翻經院。此院依據唐時玄奘法師翻經院舊址所建，規模極為宏大，專譯未來震旦之各經論。內分十二部，與唐時略同。參譯高德五百餘名，主持譯場係了幻法師。師博通經論，妙善華梵文字，曾有五車法師之名。當參觀時，見正譯《如來出現功德莊嚴經》，聞已快殺青。所有《大乘阿毗達摩經》、《分別瑜伽論》，均已譯畢，在寺宣講。次觀藏經院。院內有石造三層樓房一座，壯麗無比。此樓常有光明，最上層光明尤大。入內諦觀，見上層係經藏律部，其中有《華嚴》、《楞伽》、《深密》、《密嚴》、《如來出現功德莊嚴》、《大乘阿毗達摩》等六經，均用珊瑚作匣，外鑲寶石，光耀奪目。中層係論藏，其中《瑜伽師地》等，《一本十支論》，均用瑪瑙為匣，外鑲寶石。因明、聲明等五論，裝置亦極貴重。下層所藏係中土著述，玄奘、窺基、慧沼、智周等關於慈恩宗之名著，無不全備。近代法相宗諸德之著述，如南京支那內學院、武昌佛學院、北平三時學會新出各書均在內。名經論均備有梵文、巴利文、華文及歐美各國譯本。樓旁有一閱覽室，內可容千人。

復次，觀講經院。此院內有六層樓房五座，內設大講堂各六。最東一座中，第一講堂在第一級，係華嚴講室，專講《華嚴經》。第二級講《解深密經》，第三級講《楞嚴經》，第四級講《密嚴經》，第五級講新譯之《阿毗達摩經》，第六級講《如來出現功德經》新譯出之數卷。第二座、第三座各講室專講《一本十支》各論，每講室亦專講一種。最後一室兼講《俱舍論》。第四座專講因明、聲明、醫明、內明、工巧明等論。每講室專講一種。最西第五座講中國哲學、西洋哲學、科學、各種宗教要義，及現時流通之孫中山學說主義等。每講室可容千二百五十人。院內附設慈恩學院，有小學、中學、大學各部，凡文字書算美術及梵文、巴利文、英、法各文均兼習。又有最大會議廳，每年世界各國大小乘論師在此開辯論會一次，略仿奘師在印度時戒日王為開之辯學大會。本年會期聞正在籌備也。

復次，靜修學院。此院房舍最多，花木尤盛。中間建有最大之觀堂，內可容萬人，備學人專修唯識觀。堂內掛有兜率內院圖，十分精緻美妙。四圍分築小院百餘，每院可容百餘人息止。各院均種有奇花異果，旁有草地，圍以行樹。不但美觀，且甚適於衛生。

復次，觀遊藝院，此院內分三部。一為遊戲場，備有體育器械，即一切新式遊戲用具，如選佛譜、成佛圖等，花樣翻新，亦有數十種。旁有假山，翠柏叢生，名靈鷲山。山後有池，白蓮常開，名阿耨達池。並附設有閱報室，具備各處佛化刊物及一切日報、雜誌、畫報。二為音樂室，內中除設梵唄法器外，復有古代樂器及現代東西各國音樂器具。內附圖畫室，陳列各種關於佛化之標本儀器，並張掛各種美妙名畫。三為影戲場，專演佛菩薩本跡感應故事，及諸祖大德西行求法苦行，與世界各處塔寺勝境，現時佛化宣揚成績。原來慈恩寺附設有慈恩電廠，寺內各處電燈及電影均由電廠供給。又設有慈恩電影社，名幻化社，扮演、攝影、製片均自為之。

復次，觀流通院，內有大規模之編輯所、印刷所、製造所等。編輯所除編淺顯佛書佛報外，並選擇經論，隨時付印。印刷所專司精印一切經像書報。製造所專雕刻並繪畫各佛菩薩等像，並製造一切法器、妙香等。

此外尚有多院，未及全觀。大概各院均分列雁塔東西，塔北乃大雄寶殿，高廣無比，均以石砌成。幡幢華香，莊嚴具足，中有釋迦佛金身像，時放光明，殿中可容萬餘人禮拜。塔南為彌勒殿，中有彌勒菩薩像，其像亦金色身，惟不似通常各寺之大腹像，彷彿與觀音像相若。西土無著、天親、介賢諸菩薩像分供兩邊。此殿亦極宏大莊嚴。再南為祖堂，中有玄奘法師像，窺基、圓測、慧沼、智周諸大師像分列左右。祖堂壁間懸有相片甚多，遠視不甚明瞭，見有太法師、妙法師、赤法師及歐居士、韓居士、梅居士、唐居士等相，再遠則不能辨認，約百數人，意者皆慈恩宗龍像，搜集珍藏，以資觀感歟？參觀至此，已覺疲倦。幻覺方丈約幻幻居士在客廳休息，隨供午飯，精美香潔，得未曾有。

飯後，幻覺大師又陪幻幻出寺，謁慈恩祖塔，並觀慈恩附設各事業。因道路頗遠，隨用電話叫慈恩汽車廠開來新式汽車一輛，並電各廠所知照。二人同車，疾行如飛，行約一小時，至興教寺慈恩塔院。先禮奘師及窺基二師塔，奘師塔居中，極高大。窺基、圓測二師塔左右分列，較低小。近均補修，傍於公園，華木鮮美，遊人最多。禮塔求舍利者，因其誠感，時有所得。塔後近又創設慈恩宗院，由妙幻大師主講。院內生徒雖較慈恩寺少，然程度高深過之，彷彿慈恩宗之研究院，合中國及各國之研究慈恩宗者，均以此地為宗主，儼同日本之各宗本山。余等禮塔畢，即往慈恩山場。內有煤洞，除供寺用外，尚運往各處供眾。次至慈恩工廠，內有紡織廠、麵粉廠、米廠、油廠、鐵廠、木廠、製藥廠、瓦斯廠、電廠。電廠規模最大，各廠用電及帶動機均由此電廠供給。後至慈恩市場，內中慈恩飯店、慈恩旅社、慈恩浴池、衣店、醫院、藥房、書店、合作社、銀行、郵電局等，無不具有。並有義務學校、養老院、慈幼院、圖書館、宣傳所多處。更有慈恩義賑會，專救濟各處災難。此外有慈恩保安隊，專任慈恩寺附近安寧秩序事。凡人間養生之具，僧家應用之物，無不取諸其中。所謂農禪、工禪、醫禪等等，均已實現。最後至慈恩公園。該園依山傍湖，花木蓊蔚，風景絕勝。山湖均以慈恩名，湖為慈恩寺放生處，一般人稱放生池。湖通滻灞，直達於渭。曲江亦通於湖，流繞寺外，可泛小舟。湖濱山麓建有養病院數處，入夏各處來人有到此避暑者。園中講演廳非常宏大，可容萬餘人。每月均有緇素宣講。遊人有來廳休息者亦得聞法音。亦有公園附近居民特來聽講者。園內戲曲、電影、雜技，無不備有。所演者皆諸佛菩薩殊勝因緣，及娑婆苦況、極樂勝境、並一切因果報應諸故事。聞慈恩寺四周居民俱信佛法，無一殺生者，無種葷菜者，洵可稱慈恩佛國。

在公園略息，但見紅日西沉，人影散亂，覺幻即同幻幻乘車回寺。沿途電燈、瓦斯燈光芒四射，遠近通明，所有草木亦無不沐慈恩之化，帶有慈恩之特色異彩。回首湖山，各色電燈，雜置林際，有如萬朵雜花齊放光明。舉視慈恩市場，電光輝映，上燭雲霄，慈恩寺塔忽放寶光，遍照大千，與來時所見無異。幻幻心中十分快慰，至寺外，有送《慈恩晚報》者，幻幻接來細看，報尾有特告云：「今晚在慈恩影劇園開演《奘師遊印》全本。此片共長八萬四千尺，凡奘師出敦煌，越五峰，經大磧，逾雪山，步行五印，以及戒日王為開辯學大會，奘師回國，途中種種艱險，所遇種種怪異，與夫當日一切風景古蹟人物，莫不畢肖。法界同仁，尚祈早臨。」幻幻回寺後，到方丈室休息片刻，即同幻覺及各大講師往電影園觀賞影片，見上面映像活動如生。台下有蓄音機，配合發聲，目睹耳聽，與真無異。又時奏以美妙雅樂，殊覺悅目怡心。觀後，即在特別接待室安息。

次早晨光甫啟，幻幻即起床漱洗，隨往大殿進香禮佛。禮佛畢，向覺幻告辭，自言欲往淨業寺一遊。覺幻云，淨業寺去此不甚遠，乘汽車一小時可至，宜早點後再行。因即進早餐。飯後贈幻幻《世界佛教年鑒》、《佛教辯論會記錄》、《慈恩社會事業彙刊》、《慈恩參觀須知》、《慈恩宗事略》、《慈恩寺圖說》、《慈恩宗祖塔碑帖大全》各一冊。又派一知客師幻海者陪往淨業寺。因幻海師曾在淨業寺知事數年，情形甚熟，又因事需與淨業寺協商，可謂一舉兩得。早八時，即乘慈恩汽車向淨業寺而行。經桃園，過灃橋，約一小時即到後岩山下灃峪口。但見殿宇高廣，金碧輝煌，松柏環拱，泉流圍繞，真所謂「溪聲盡是廣長舌，山色無非清淨身」也。幻海曰：「此即淨業寺也。」一乘車盤繞數里，始達山門。幻海即在傳達室用電話告知方丈智幻和尚，說明幻幻居士來山拜訪。方丈即親身迎迓，同至方丈室。寒暄茶點畢，隨贈幻幻《淨業寺圖說》一本。幻幻領謝，即時翻閱，見寺內有戒堂八座：沙彌戒堂，沙彌尼戒堂，比丘戒堂，比丘尼戒堂，優婆塞戒堂，優婆夷戒堂，式叉摩那戒堂，菩薩戒堂。中有一大戒壇。大殿後有藏經閣，左右有寶塔各一。又有一巨亭，上畫天人送供處。另有圖說，相傳即道宣律師受天人供養處也。寺後石崖危絕處，有道宣律師坐臺。幻幻同智幻各處按圖參觀，見規模宏壯，無可比倫，每戒堂可容千餘人，戒壇可容萬餘人。壇內亦分八部，分眾受戒。據云，沙彌戒須年滿十五歲者方授，比丘戒須沙彌過五夏者方授。比丘受戒後須過十夏，方可獨往參學，半月讀戒。已通告全世界各佛寺尊行。凡有破戒犯規者，每年均彙報淨業寺三聚督查總會，對戒律有疑問者，亦向該會請解釋。各處傳戒，在三千里內者，均須來淨業寺。遠處須請淨業寺專派戒德監臨戒壇。蓋該寺乃執佛教禁戒之牛耳也。每年開戒學大會一次，世界各國佛教寺院及佛化機關均推代表出席。對於律無明文者，得以例引附而制裁之。如世法所謂犯某某事件者，以某某律論，又有前例可援也。例如吸鴉片煙，律無明文，前已定為以飲酒論，因煙酒性興奮略同，而煙尤甚也。不但吸鴉片，舉凡用興奮劑如鼻煙、紙煙、水旱煙等，均在例禁，此舉其一端耳。

嗣往觀藏經閣，所藏三藏名版俱全。閣中律藏裝潢尤為珍貴。閣外有七寶塔，上鏤刻道宣律師《四分律疏解》各文。另一邊有金塔，上刻太虛法師《整理僧伽制度》全文。寺內附設南山宗大學，主講者均精研律藏之高德。寺後有暢觀樓，智幻陪幻幻登樓東望，見山谷叢林間茅篷無數，詢悉皆淨業寺所建，用住養道高人者。再東，茅篷尤夥。智幻云：「此即南五臺覺圓大茅篷所築。」又云：「禪宗自六祖後，分為臨濟、雲門、溈仰、曹洞、法眼等五派。其後各宗互有隆替。今則南五臺五宗並興，各出手眼，已蔚成禪國。幻幻笑云：「昔謂一花開五葉，今可謂一葉起一臺。近人云：金山腿子高旻香，不敢入終南大禪堂，其宗風丕振可想見矣。」在暢觀樓，東北望，見寶塔二座，大放光明。智幻曰：「此即華嚴寺內杜順和尚及清涼國師二塔。前多年寺毀，塔幾傾倒，且聞寺內昔年曾有五塔，或者法界五祖之塔俱在於此。近代只存兩塔，又多殘破，曷勝悲歎。幸前年南中華嚴大學捐資補修，近已完好，寺亦復興。內設有華嚴大學院。」又西北望，寶塔放光，五色斑斕。智幻曰：「此草堂寺鳩摩羅什法師塔也。什師善華梵文，譯經最富，世稱七佛以來，第一譯師。其塔乃西域七寶所成，該寺近亦復興，因三論要典，什師創譯，內已設有三論大學。又北望見有寶塔湧出，大放光明，光明之中，樓閣莊嚴。智幻曰：「此即最近創興之福幻寺，乃天臺宗諸大善知識宣揚天臺宗之道場也。內設有天臺大學，關於三大部五小部及諸妙典均分堂講演，亦是著名之叢林，時已有年。」智幻請幻幻回客堂用齋。此寺一切依照律儀，日中一食，亦其一端。幻幻飯後告辭，智幻贈律宗新著多種，幻幻一一領受，又說明欲往觀光明寺，智幻即派淨幻大師陪往。幻海師又囑同來汽車，即送二人直往光明寺。

二人乘車北行，風馳電掣，一時即至光明寺。寺在城西，俯臨河流，徑曲林深，饒稱淨境。幻海師曰：「此即善導和尚專修淨土宗之光明寺也。昔善導念佛一聲，口中即出一道光明，唐高宗因賜名光明寺。念佛一宗，世人多以廬山慧遠禪師為開祖，故淨土宗又稱廬山宗。其實中土倡始念佛雖由慧遠，而念佛蔚成宗風，則自善導。故淨土宗應以善導為高祖，此宗或可稱光明宗，尊祖庭也。亦猶天臺宗倡自慧文，而世稱智者大師。華嚴宗倡於杜順，而世稱賢首或清涼。律宗倡於慧光，而世稱南山道宣。三論倡道於羅什，而世稱嘉祥吉藏也。」正談話間，忽一老僧從對面來，似將入寺者，淨幻諦視，即光明寺方丈幻西老人。即為幻幻介紹，幻幻即頂禮老人，同往方丈室。茶點後，幻幻詢光明寺況，老人曰：「此寺毀圮數百年，近由諸蓮友發心興復，規模漸備。」問常住人，答萬餘。問附近念佛之信眾多否，答已有蓮社四千八百處，近尚漸增，淨土普被三根，將來定可大興。幻幻請指導參觀，隨即由方丈引往各處。先到大殿禮西方三聖，中間彌陀金像忽放白毫相光，觀音勢至像亦放光明。像高丈六，一轉眼間，又覺金身高千餘丈，定睛再視，乃是丈六金身。幻幻自思，或是自心幻妄，或是佛特顯靈。又至念佛堂，堂偉大無比，可容萬餘人，中有阿彌陀佛接引像，十分莊嚴，亦異常高大。其時正值大眾繞行念佛，約近萬人。梵音清澈，佛號明朗，人數雖多，整齊嚴肅，得未曾有。又見念佛人個個念佛一聲，口中均有光明射出，佛像亦有時放光，殿宇亦放光。幻幻自思道，這真是一光明一切光明，一身光明，多身光明，正報光明，依報亦同理光明。稱光明寺，真名實相符矣。又往光明亭參觀。老人云：「此即善導和尚念佛處，該處有善導和尚真身舍利，常放光明，普照遠近。」又往藏經樓見所藏三藏各版齊全。中間淨土諸經論特用琥珀作匣裝存，外邊遍鑲珠寶，時時放光。樓上另附一室，內藏淨土宗各祖疏解語錄等，《印光法師嘉言錄》亦藏內。寺內清眾均以念佛求生西方為主課，以根性及願力之不同，有專心念佛，一切經論概不寓目者，有專誦淨土各經論者，有兼誦各大乘經典者。寺中有講經堂六座，第一座專講淨土三經及淨土相關各經論。第二座講華嚴。第三座講阿含部，兼講俱舍、成實各論。第四座講方等論。第五座講般若部。第六座講法華、涅槃等。任其所願，各擇數門並習，以為功課。

最後，幻西引幻幻往十六觀堂。此堂依《觀經》所造，將十六種觀法妙繪入神。又往極樂園，園在寺後，宏敞莊嚴，不可思議。內中行樹、欄楯、羅網、寶池、德水、具足莊嚴。禽鳥宣流法音。池中各色蓮花大如車輪。幻幻心中以為此園當係仿極樂世界，依正莊嚴圖所建。忽遠遠望見阿彌陀佛正在說法。觀音勢至左右輔化，光明普照。心想此地或是安樂國，歡欣舞蹈，不覺忽由池中大白蓮花化生現身，妙香噴鼻，光明炫目。又見大地六種震動，轟震耳鼓。不禁哈哈大笑，即時覺醒，方知是夢。諦視爐中安息香，才燃半香，篆煙猶繚繞禪室也。

幻幻居士此日見余，詳述夢境。余思，夢境非實，醒覺方知，若至真覺得出世智，且知醒覺亦等睡夢。故菩薩依般若波羅蜜多，即遠離顛倒夢想。世教亦說「至人無夢」，無如眾生妄認四大為自身相，六塵緣影，為自心相，如眼生翳，妄執空華，彼雖說醒，醒猶是夢，若又說夢，即是夢夢，其虛妄顛倒，寧可思議。然而人生若夢，諸法如幻，道場水月，佛事空華。夢固是幻，對夢之醒，寧獨非幻？幻幻不二，夢醒一如。須知不離覺地，起諸幻化，不動寂場，現諸威儀，余安知世間醒者之非盡夢，余又安知所謂夢著之不無覺耶？因縷述其所言如上，以告世之同作大夢者。

時佛應世二九五七年，當中華民國十九年，佛出家勝日，

寂園居士識於西安東關寂園蓮社。

讀歷史90　史地傳記類　PC0800

陝西佛寺紀略

編　　著／康寄遙
修　　訂／康正果
彩照攝影／蘭燕澤
責任編輯／鄭伊庭
圖文排版／楊家齊
封面設計／蔡瑋筠

發 行 人／宋政坤
法律顧問／毛國樑　律師
出版發行／秀威資訊科技股份有限公司
114台北市內湖區瑞光路76巷65號1樓
電話：+886-2-2796-3638　傳真：+886-2-2796-1377
http://www.showwe.com.tw
劃撥帳號／19563868　戶名：秀威資訊科技股份有限公司
讀者服務信箱：service@showwe.com.tw
展售門市／國家書店（松江門市）
104台北市中山區松江路209號1樓
電話：+886-2-2518-0207　傳真：+886-2-2518-0778
網路訂購／秀威網路書店：https://store.showwe.tw
國家網路書店：https://www.govbooks.com.tw

2019年3月　BOD一版
定價：450元

國家圖書館出版品預行編目

陝西佛寺紀略 / 康寄遙編著 ; 康正果修訂.-- 一版. -- 臺北市 : 秀威資訊科技, 2019.03
面； 公分
BOD版
ISBN 978-986-326-657-0(平裝)

1. 寺院 2. 人文地理 3. 陝西省

227.215　　107022576

讀者回函卡

感謝您購買本書，為提升服務品質，請填妥以下資料，將讀者回函卡直接寄回或傳真本公司，收到您的寶貴意見後，我們會收藏記錄及檢討，謝謝！如您需要了解本公司最新出版書目、購書優惠或企劃活動，歡迎您上網查詢或下載相關資料：http:// www.showwe.com.tw

您購買的書名：____________________

出生日期：________年________月________日

學歷：□高中（含）以下　□大專　□研究所（含）以上

職業：□製造業　□金融業　□資訊業　□軍警　□傳播業　□自由業

□服務業　□公務員　□教職　□學生　□家管　□其它_____

購書地點：□網路書店　□實體書店　□書展　□郵購　□贈閱　□其他

您從何得知本書的消息？

□網路書店　□實體書店　□網路搜尋　□電子報　□書訊　□雜誌

□傳播媒體　□親友推薦　□網站推薦　□部落格　□其他__________

您對本書的評價：（請填代號　1.非常滿意　2.滿意　3.尚可　4.再改進）

封面設計____　版面編排____　內容____　文／譯筆____　價格____

讀完書後您覺得：

□很有收穫　□有收穫　□收穫不多　□沒收穫

對我們的建議：____________________

____

____

____

請貼
郵票

11466
台北市內湖區瑞光路 76 巷 65 號 1 樓
秀威資訊科技股份有限公司 收
BOD 數位出版事業部

（請沿線對折寄回，謝謝！）

姓　　名：＿＿＿＿＿＿＿＿　年齡：＿＿＿＿　性別：□女　□男

郵遞區號：□□□□□

地　　址：＿＿＿＿＿＿＿＿＿＿＿＿＿＿＿＿＿＿

聯絡電話：(日)＿＿＿＿＿＿＿＿＿　(夜)＿＿＿＿＿＿＿＿＿

E-mail：＿＿＿＿＿＿＿＿＿＿＿＿＿＿＿＿＿＿